ありのまま
子育て

やわらか母さんでいるために

※

井桁容子

はじめに

私は、東京家政大学のナースリールーム（保育実践研究施設）で保育者として仕事をするだけでなく、近年は、未来の保育者を育てるための実習指導や授業も行っているのですが、少し気になっていることがあります。

それは、「自分の感じていることを言葉にできない」、あるいは「自分の感覚をしまい込んでいる・感じることを恐れている」と、学生から感じることです。

授業で「最近、心を動かされた出来事や感動したことがあったら、誰か話してくれませんか？　どんなに小さなことでもいいですよ」と、学生に問いかけても、なかなか反応がありません。受講人数が多い、教員との信頼関係が育ちにくいなどの理由もあるとは思いますが、どうもそれだけではないように感じます。

〝大人の期待に応える・大人の指示に従うことができる子ども〟を「良い子」と

評価する大人が増え、幼いころから自分の思いや感情を押し殺して、懸命に大人たちの期待に応えようと生きてきたからではないかと思うのです。

目の前の出来事や物に対して「これはなんだろう」「美しいなあ」と素直に反応しているときに、育て急ぐ大人たちによって、「〇〇しなさい！」「早く！」「そうではなくて、こうでしょう」といった具合に、大人の都合で自分の感覚や気持ちをバッサリと切られてしまう経験を重ねると、子どもたちは「感じることを封印しないと心が持たない」ことを学んでしまうのです。

さらに、学生の様子で気になるのが、「〇〇学の先生は、どなた？」と尋ねた際、教員の名前がすぐに出てこないことです。「男の先生だったよね？」「違うよ、女の先生だよ！」「ええと、メガネをかけていて…」といった具合です。おそらく、学生たちは誰から学ぶかは問題にしておらず、大事なのは「単位を無事に取得できるか否か」、つまり「良い結果」なのです。

なぜ、このような学生が増えたのでしょうか。私は「プリント依存」の学生が増えたからではないか、と考えています。というのも、小、中学校、高校とわが子の勉強スタイルを見ていても、大事なところには太字、赤字、波線が引かれているプリントが教員から配られており、それを覚えさえすれば試験がクリアできます。これは、教え方が下手とか進め方が遅いなど、生徒たちから苦情が出ないための教員側の予防線ともいえますね。大人も子どももみんな、失敗せずに良い結果だけを得るために頑張ってきたのです。

大事なポイントがまとめて書かれているプリントさえあれば、今、教壇に立つ人の話は聞かなくても良い結果は出せます。しかし、そのために〝自分の思いや考えを表現すること〟や〝相手の思いを汲みとろうとする〟という、人として大切なコミュニケーションの基礎となる感覚を育てそこねてしまったのです。

そこで私は、初回の授業でこう言いました。「みんなは大学受験まで、プリントで勉強してきたと思いますが、私の授業ではプリントは配りません。大事なことは自分で聞き取ってノートをとってね」。すると学生たちは、怪訝《けげん》な表情をしました。「なぜなら、目の前で話している人の話の大事な部分や伝えたいことがわからなかったら、保育者や教員にはなれないものね」と続け、真意を伝えると、学生たちの表情がこわばり始めました。

授業終了後、一人の学生がやってきて、涙を浮かべながら「先生、どうしよう…。私、一生懸命聞いていたけれど、どこが大事だかちっともわかりませんでした…」。笑い話のように感じられるかもしれませんが、学生にとっては深刻です。「大丈夫。すぐに慣れるから」と、あえて私は突き離すような回答をしました。すると次の週から、教室中に鉛筆を走らせる音が響く授業になったのです。


ところで、この話を読んで、今、子育て真っ只中のお母さんたち世代も、「私もこのような教育を受けてきた」と自覚される方が多いのではないでしょうか。

自分の思いを封じ込め、心のアンテナを鈍くすることで自分が壊れないように防御してきた感覚は、次第に生活の中でも使われるようになります。

言語化ができる大人同士のつきあいならば、表面的なやり取りでなんとかなりますが、言葉を持たない赤ちゃんや子どもとのつきあいではそういきません。大人がきちんと自分の目で見て、耳で聞いて、触って、嗅覚を使って、赤ちゃんたちからのメッセージをキャッチする必要が出てきます。

すると、手間暇もかかりますし、わからないことが出てくると、これまでの学校の勉強のようにポイントが書かれたプリントが欲しくなる…。つまり、すぐに正解が欲しくなるような感覚が働いてしまう。正しい答えを手に入れたくてインターネットなどで検索し、かえって様々な情報に振り回され、さらに迷いが深まっていく…。そんな悪循環が生じるのです。

人は、一人ひとりみんな異なっていますので、子育てに関する様々な情報は「参考にするもの」であり、正解として「当てはめるもの」ではありません。しかし、「うちの子だけが違う」という受け止め方をしてしまうと、なんとか他の子どもと同じようにしようと頑張ってしまい、子育てが楽しさからどんどん遠ざかります。

「子どもを変えるのではなく、大人の子どもへのまなざしがしなやかになるだけで、子育てはもっと楽しくて、幸せな行為になるのに…」と、もったいなく感じるお母さんたちに出会うこともしばしばです。

禅の言葉で、『冷暖自知《れいだんじち》』という言葉があります。人の感じ方はそれぞれなので、自分が感じることを大切にして、体験しながら学んでいくことが大事、という意味でしょうか。子育ても、これと同じだと思います。

日々の生活の中で、「いい気持ちね」「びっくりしたのね」「痛かった？」というように、子どもの表情や姿を自然に感じ、ありのままを受け止めることの積み重ねが、その子を誰よりもよく知ることにつながり、子どもにとってかけがえのないお母さん・お父さんという存在になっていきます。

親業にマニュアルや正解はありません。偶然の出会いとしか言いようのないわが子との巡り合わせを、感謝して、おもしろがっていただきたくてこの本を執筆しました。どうぞ、身近な草花を美しいと思う感覚や、澄み切った青空に心を奪われるような自然な感覚で、目の前のお子さんの育ちを、ありのままに、欲張らず、急がず、のどかな心持ちで楽しんでくださいますように。

２０１４年　初春

井桁　容子

目次

2 信頼から始まる親子関係

3 家族について思うこと

4 子どもから教えられたこと

3人のエピソードから

5 妻として、母として

1
産前産後のあれこれ

頑張らない子育てを

今の厚生労働省が厚生省だったころ。子育てを応援する『それでいいよ　だいじょうぶ』という冊子が作られ、小さなお子さんを育てている家庭に配られました。内容はもちろん、色彩もイラストもとても見やすく素敵な冊子だったので、数冊を大事に取っておいたのです。そして、職場であるナースリールームの本棚に置きました。

あるとき、3歳の男の子が、その冊子を一人で開いて見ていました。イラストが多かったので、絵本感覚で楽しんでいたのだと思います。ところが、少し経ってあるページで手を止めました。

眉に力を入れながら「これやだねー、これやだねえー」と何度も言うのです。そのページをのぞいてみると、お父さんとお母さんが、汗をかきながら必死で粘土の塊を人間の形にしようとしているイラストが描かれていました。イラストの上には「育てる」、下には「ああしなさい　こうなりなさい」の文字が書かれていました。

その冊子を見ていた男の子は3歳ですから、文字は読めません。しかしイラストを見て、大人が無理やり子どもを加工しようとしている様子だと感じ取ったのでしょう。イラストを描いた人も、そこで表現している内容を正確に感じ取った男の子も、素晴らしい感性だな、と感動した一瞬でした。

ちなみに、隣のページには「育つ」と書いてあり、お父さんとお母さんが、ふたばが出ている植木鉢をニッコリと見つめているイラストが描いてありました。

❊

「子育て」って、本来は頑張るものではないはず。

太陽が昇って沈んでいくように、息を吸ったら吐くように、生き物としての自然な営みでいいと思うのです。でも、その〝自然な営み〟がどんなことなのか、感覚的にわからなくなってしまったのが、現代の大人たちなのです。

※

昔、イギリスに留学した夏目漱石は「文明とは、堕落を形にしたものだった」と言って嘆いたそうです。文明とは、たとえば手でやるべきものをいろいろな道具に替え、足でやるべきものを車や電車に替えて、楽をするための工夫から生まれた結果ですから、漱石が感じた通りなのだと思います。一方、フランスの思想家・ルソーの『エミール』という本には、「人間が理性や知性を学ぶ最初の先生は手足だ」と書かれています。

つまり、文明が発展するほど、自分の感覚を機械などに任せていくことになるため、感じたり、考えたり、加減を知ったりする、といった体験が減り、〝自然な営み〟が難しくなっていく構図になってしまう。おもしろいというか、皮肉なものというか……。

赤ちゃんたちは、どの時代も同じ状態で生まれてきますが、今は、育てる側の大人たちの自然経験が少なくなってきているので、育てる側のお父さんやお母さんよりも、育てられる側の赤ちゃんたちの方が困っているのでは、と思うのです。もしも今、徳川家康が赤ちゃんとして生まれたなら、日本を変えるほどの人にはなれないかも、とも想像します。なぜなら、賢い子どもほど物を見極める力が鋭いので、大人のダメさ加減や社会の仕組みの危うさに、早くに気づいてしまうからです。

※

私がこれまでに出会った子どもたちの中にも、そういった鋭い感性の子どもがたくさんいました。

たとえば、タカシくん。1歳のときに、ある保育園に通い始めたのですが、給食を食べない、みんなと遊べない、お昼寝もしない、言葉もほとんど出ない…。結局、園に預ける時間を延ばすことができず、彼のお母さんはパートの仕事をあきらめ、退園したのです。

※

このように書くと、タカシくんに問題があるように思うかもしれませんね。でも、そうではなかったのです。

その後、タカシくんは私の勤めるナースリールームに入園してきました。2歳になる少し前でした。通い始めて1ヵ月が過ぎたころ、まだ「ママ」も言えなかったのですが、「ねえ！　ちーちゃんちゃん!!」と、担任のチハル先生を「自分で考えた呼び方」で呼んだのです。しかも〝ちゃん〟を2つつけて。

私はこの呼び方を、「愛を込めた最上級の呼び方」と感じました。このタカシくんの言葉が聞こえた時、私は聞き違いかとわが耳を疑いながら職員室から保育室に駆けつけ「ねえ、今、何て言ったの？　タカシくん、悪いけど、もう一回言ってくれない？」と頼みました。すると、にっこり笑って「ちーちゃんちゃん」と、再びチハル先生の顔を見て、言ったのです。あの時の感動は、今も忘れられません。

タカシくんと初めて会った入園前の面接で、彼の保育室のおもちゃを見る目の動きから、好奇心が旺盛なことが見て取れました。それで私は、担任のチハル先生に、できるだけ彼の気持ちを尊重し、彼が感じていることをきちんと言葉にしてほしい、代弁してほしいとお願いしました。それから1ヵ月が過ぎ、あの「ちーちゃんちゃん！」が発せられたのです。

この呼びかけは、いつも自分の気持ちを正確に理解し、代弁してくれるチハル先生のことが大好きになり、彼女のことを呼んでみたくなった結果だと思うのです（ちなみに、給食も量は少ないですが、入園してすぐに食べるようになりました）。

その1年後、3歳になったときには、こんなエピソードがありました。

ある日、「おやつのおかわりがありますよ」と先生が言うと、タカシくんが「ここに、おやつのホットケーキが大好きで、わくわくしながら待っている人がいます！」と言い、みんなで大笑いしたのです。

「おかわり！」という一言を、このように複雑かつ素敵に表現できるのだと教えられました。おそらくタカシくんは、最初の園で大人が一方的に自分を従わせようとすることに抵抗を感じたのでしょう。幼い彼には、すべてを受け入れないことでしか意思表示ができなかったのだと思うのです。

長年、多くの親子と出会ってきましたが、子育てにおける悩みは、実は、子ども自身に問題があるのではなく、大人側に原因があることが非常に多いのです。そして子どもたちは、お母さんやお父さんが思っている以上に、いろいろなことを理解しています。

子育てや保育とは、「できない子どもをできるようにさせていくこと」ではなく、「もともと、育ちたがっている子どもの手助けと応援をすること」です。そしてその育ちは、一人ひとり異なるので、年齢や性別、環境が同じだからといって比べるものでもないのです。自分のお子さんを他のお子さんと比べるまなざしは、育ちそこねの一番の原因になりますので、気をつけないといけません。

地球上のどこを探しても、同じ人は存在しません。生き物の特性は、「同じでないこと」だと言われています。「みんな違う＝生き物」なので、無理に同じにしようとするのは生き物であることを否定しますから、それを求められた子どもは、大変つらい思いをしてしまいます。

※

今、子育てを頑張っているお母さん、お父さん。実はまだ、「お母さん」「お父さん」と呼ばれても、貸し衣装を着ているようで、しっくりいかない戸惑いはありませんか？　もしかしたら「こんな時、立派な親ならば、どんな風にするのかな？」「このような場面なら、どんな言葉をかければ、いい親と思われるのかな？」なんて、わが子の気持ちよりも自分の親としての出来栄えや他人からの評価が気になっていませんか？　もし、それに気づいたなら、今日から、今からちょっと視点を変えてみませんか？　肩の力を抜いて、心をやわらかく、そしてありのままを楽しみながら頑張らない子育てを始めましょう！

子育て中のイライラはどこからくるの

妊娠したと気づいた日から、振り返ってみてください。つわりの時や臨月近くのことを。

個人差はあるかと思いますが、まとめて眠れない日々が続いていたはずです。足がつったり、手がしびれたり、お腹の赤ちゃんが急に動いたり、トイレが近くなったり…。そして、無事、赤ちゃんと出会えたら、その日から数時間おきの授乳が始まります。

出産直後は興奮していて、睡眠不足を自覚する暇もなかった人が多いでしょう。うれしさや感動、そして命をこの世に産み出した責任への緊張などもあって、苦しいとかつらいなどと感じるような暇もなく、色々なことをこなしてきたと思います。

「誰もがやっていることだから」と言い聞かせながら。

さらに、新生児期は夜も昼もなく授乳やおむつ交換をしなければならないので、頭がぼーっとしている日々が続きます。近くで、ぐっすり眠っている夫の寝顔を憎らしく思うこともあったでしょう。でも、「私は仕事をしていないから…」と遠慮をしつつ、赤ちゃんの夜泣きにも、頑張って一人で対応してきた人がほとんどなのではないでしょうか。

※

そんな緊張感や疲労感が、産後4~5ヵ月頃から「疲れ」となって出やすくなります。かぜをひいたり、歯が痛くなったり、じんましんが出たり…。「出産して、体が弱くなったのかな?」と不安にも駆られますね。

ママたちは出産を〝誰でも普通にこなしていること〟と自分に言い聞かせていると思いますが、自分の命をかけて、人間を一人、この世に産み出したのですよ!

これは、すごいことであり、歴史に足跡を残す大事業です。そんなに簡単なこと、ではないのです。ある意味でのリスクを伴うのは当然です。「誰でもやっている普通のことだから、つらくても我慢しなくてはならない」と思い込もうと頑張ると、心と体は正直ですから、〝イライラ〟を感じるのだと思います。

私は、赤ちゃんを産んだばかりのお母さんたちが、出産によって〝わが子〟という〝自分の欲しいものを手に入れた〟という感覚よりも、〝社会に貢献する人を産み出す仕事を成し遂げた〟という満足感や「私って立派！　よく頑張った！」といった自分へのねぎらいがもっともっとたくさんあっていいのに、と感じています。

それから、産後に起こる「イライラ」や「もやもや」には、生理学的な理由があるのをご存じでしょうか。

出産を終えてしばらくの間は、独特の緊張で興奮状態にあるため、疲れなども感じにくく、睡眠不足を自覚もせず、ついつい頑張り過ぎてしまうようです。

自律神経の交感神経が優位な状態、つまり、夜中でも日中のようにずっと神経を働かせているので、気持ちが高ぶりやすいのです。そのため、リラックスするとたくさん分泌されるセロトニンというホルモンが出にくくなってしまい、免疫力が落ちてしまうのです。かぜをひきやすかったり、肩こりがひどくなったり、めまいがしたりするのは、そのような生理的な理由があるのです。さらに気持ちも高ぶりやすいので、涙もろくなったり怒りやすくなったり、不安が強くなったりします。そんな時に、夫の帰宅が遅い日が続いたりすると、イライラがたまって、正面から激突、となってしまったりするのです。

男性は、産後だからといって特にホルモンに影響されることがありませんから、いつもコンスタントに自分らしさを保てています。そして妻の産前産後の変化について、「出産で、妻の人格が変わってしまった」と受け止め、少し距離を置きたいような気分になる人も少なくありません。

以前、3歳までの子どもを持つ父親たちを10人くらい集めて、ワークショップをしたことがあります。最初は妻のつらい状況について、皆さん理解していませんでしたが、2時間後、「あなたたちが今、家に帰って最初にすることはなんですか?」と尋ねると、皆さん「まず、妻の話を聞きます」と口をそろえて答えてくれました。そこで私は「そうですね。出産直後の女性と違って冷静な頭で判断できる男性が、ホルモンに振り回されている愛する妻を支えてあげてください」と伝えました。

こんな風に、今はお父さんたちに専門家としてもっともらしく話をしている私ですが、2人の子どもを出産したときは、他のお母さんたちと全く同様の状態でした。

28年前、長女が誕生したときは、育児休暇が取れない状況でしたので、知人に紹介してもらった老夫婦に娘を預かってもらい、生後3ヵ月で職場に復帰しました。保育者ですから、担当している赤ちゃんにミルクを授乳することがありますが、そんなときには、本能が働くのかおっぱいがパンパンに張ってきました。わが子には、おっぱいを与えることができませんでしたので、仕方なく昼休みに搾乳しては罪悪感を感じつつ、切ない思いで捨てていました。

「子育てをしながら仕事も続けていく」ことが、保育者としての自分の目標でもありましたから、自己矛盾を感じながらも、深く考えないようにしていたのです。「こんなこと、最初から予想していたはず」と自分に言い聞かせ、胸の奥でツンとくる感じを、涙にせずに飲み込んだものです。一方で、「産後数ヵ月で働けるのは自分自身と子どもが健康であるからこその幸せなんだ」とも思い返しました。ですから、子どもと家族の健康管理だけには十分に留意しながら、〝寝不足でぼーっとする頭〟もホルモンのせい、とおもしろがることにしました。こんな心境になれたのは、産後に〝不思議な行動〟を取ってしまうお母さんたちを保育者として見てきたからかもしれません。

❊

〝不思議な行動〟というのは産後の「ぼーっとする頭の自分」に焦りを感じたり、我慢できずに子育て以外の色々なことを頑張ってやろうとしてしまうことです。意外に思うかもしれませんが、そんなお母さんが、結構たくさんいらっしゃるんです。新聞を読んでも、本を読んでも、頭にちっとも残らず、すぐ眠くなってしまう…。そしてその原因は、「ずっと家の中にいて、何も勉強していないからだ」と思ってしまう。「このままだと社会復帰できなくなるのではないか？」「世の中に取り残されてしまうのではないか？」ととても心配になってくるのです。この傾向は、特に小さいころから頑張って勉強してきたお母さんに多いように思います。

今の自分の状況が不安になり、「私は大丈夫」という確信を得たくなって成果の見えやすいことに挑戦してみたくなるのです。私がこれまで出会ったお母さんは、大学受験や教員採用試験へのチャレンジ、様々な免許の取得に取り組んでいました。もともと努力家で頑張りのきく方たちですから、合格してしまうのです。

本当は、赤ちゃんにとってはキリキリ頑張るお母さんより、ぼんやりした頭で〝のんきな母さん〟をやっているくらいがちょうど良い具合なのです。でも、ホルモンの影響で頑張りに拍車のかかったお母さんは、試験に合格し、「大学に通うのだから、子どもを預ける場所を探さなくては」「再就職するから、預けなくちゃ」という展開になります。

「あれあれ？　お母さん。お子さんがまだこの月齢なのに、大学生になったということは、もしかしたら産後すぐに受験勉強したということですか？」と尋ねるとうなずかれ、「今思えば、妙な焦りを感じて、資格もいっぱい取っちゃいました…。私、変でしたね」と後になって振り返るお母さんにお会いしたのは、一人や2人ではありません。

※

産後は、まだ子育てに慣れていないうえに睡眠不足と心身が不安定になりやすい時期。本当は、色々な人に助けてもらいながらのんきに楽しんでいいはずの子育てを、一人で「わが子のために自分を押し殺して我慢しなければならない」と思い、疲れ切ってしまうお母さんもたくさんおられます。私はいつも「一人で頑張らなくていいんですよ!! 昔々から子育てはみんなに助けてもらってしてきたのですよ」と繰り返し、お母さんたちにお伝えしています。

産後の夫婦関係

「イクメン」という言葉が出てきてしばらくになりますが、聞くところによると最近は「偽イクメン」も出てきたとか。というのも、「イクメンに憧れる」と言えば、女性にモテるらしいのです。

確かに、子ども好きであることはよいことですが、夫婦が互いをリスペクトし、認め合い、信頼しあう関係が土台となっての子育てであり、家族です。夫婦関係が子どもの育ちに重要な影響を与えることは否めません。ですから、パートナーへの愛が育つ前に、子育てに憧れるというのは順序が逆なので、やはりその言葉は、ちょっと怪しいと言えるかもしれませんね。

ところで、産後の夫婦関係は良好ですか？

私の経験やご相談を受けたケースによると、多くの夫婦が、子どもが生まれて2

年くらいの間に危機を迎えやすいようです。原因の多くは、女性側の産前産後のホルモンの激しい変化や、長期間にわたっての睡眠不足にあるように思います。

※

つわりがひどい人は、妊娠した時から睡眠不足が始まります。臨月になると、お腹が苦しかったり、足がつったり、腰が痛かったり、手がしびれたり、トイレが近くなったりして、ちょこちょこ目覚めて熟睡ができませんね。私も2人の人間をこの世に産み出しましたが、子どもが2歳くらいまでの眠れなかった日々の白分の精神状態を思い出すと、とてもつらかったという印象があります。子どもへの愛情、かわいさとは全く別の部分で、心身が悲鳴をあげていました。おそらく、それがホルモンのいたずらなのです。

つわりを考えてみれば、ホルモンの影響のすごさがわかりますね。大好きだった食べ物を見るのも嫌になったり、とんでもないものをやたらと食べたくなってしまったり…。という具合に、食べ物の好みを変えられてしまう不思議。大好きだったものを見るのも嫌になるって、人格を変えられたくらいすごいことですよね。しかも、ある時期になるとすっかり元通りになってしまうのですから。

睡眠も、出産後しばらくは似たような影響をホルモンから受けています。自分のペースで眠りが確保できない日々がずっと続くと、うつ病患者と同じような状況ですので、一時的にある種の睡眠障害になってしまうのです。睡眠不足が交感神経を優位にさせ、興奮しやすくなるため、疲れていることに気づけません。その上、子育ては誰もが当たり前にやってきたことだという思いや、自分が世話をしなければ死んでしまう小さな命への責任感などの緊張で、母親たちは知らぬ間に頑張り過ぎてしまうのです。

私は、2度目の出産直後に気づいたことがあります。それは、母親が臨月から睡眠が細切れになるのは、もしかしたら産後の授乳時に目覚めることができるよう、体が準備をさせられているのかもしれないということです。「女性の体というのは、うまくできているなあ」と妙に納得してしまいました。

このように、母親になったばかりの女性の体は、かなり頑張っていますので、気持ちにゆとりがなく、一番甘えられる夫につい厳しく当たってしまいがちになります。一方、夫の方は、いつも通りの状態ですから（まれに妻と一緒につわりを経験してしまう男性もいるようですが）、落ち着いた目で見れば「彼女、出産して人格が変わってしまったなあ…。よそのママたちは、みんなにこやかなのに…」などと思っていたりするのです。

※

私は、男性が、パートナーである女性の産前産後における生理的な状況を科学的根拠を持って理解すれば、夫婦でこの時期をうまく乗り越えられると考えています。そのような考えもあって、0歳からお子さんをお預かりしているナースリールームでは、入室前に夫婦面談を行い、お父さんには必ず決まった質問をします。

「あなたは、毎夜、2時間おきに、他人の都合で起こされて2年間過ごし、昼間、まともな仕事ができますか？」と。すると、ほとんどの人が「できません」と即答します。「そうですか。でも、あなたのパートナーは今、その状態なんですよ」と話すと驚き、隣を見て「ほんと？」。お母さんは、決まって涙ぐんでうなずかれます。

お母さんたちが涙ぐむ理由は、おそらく「世の中の人がみんなやってきたことなのに、つらいと思ってしまうのは私だけ…。自分はだめな母親なんだ…」と思っていたからでしょう。この質問をお父さんたちにすると、妻の状況に対する理解が即座になされ、お父さんのその後の育児へのかかわり方が大きく変わります。子育てには、夫婦間の共感が重要なのです。

小さいお子さんがおられるお父さんたちには、ぜひ、産後の妻が一番安心することを、してほしいと思います。妻の求めるものは、必ずしも子どものおむつを替えるとかお風呂に入れるなどの育児行為だけではありません。一人ひとり異なっていますので、ホルモンの影響を受けていないお父さんたちは、冷静な頭で、愛する妻の気持ちに添えるよう配慮をして、支えてあげてください。

これまで、お母さんになりたての女性たちとたくさん出会ってきましたが、人間をこの世に産み出す、つまり存在しなかったものを自分の体と命をかけて産み出すという大事業を行ったにしては、日本の女性は少し遠慮しすぎなのではないかと、私は常々思っています。

夫には、「昼間は仕事をしているから、夜はぐっすり眠らせてあげたい」という思いやりからの気兼ね、他の家族やご近所には「子どもの泣き声やバタバタする足音」など騒音への気兼ね、そして「子育ては誰もがやっていることだから、自分だけがつらいとは言えない」という気兼ねです。

気兼ねすること自体は、現代社会に暮らす者としてやむをえない配慮ではありますが、人間の歴史からみると、子育てのありかたとして、本当は間違えているのではないかと思うのです。

※

人間はアフリカで誕生し、地球上に広がったと言われています。はじめは木の上で生活し、次第に地上に降りてきたようですが、子育ては母親一人ではしていなかったと考えられており、集団で育ててきたという説が有力なようです。父親やおばあちゃん、つまり家族の存在というのも人間だけにあるそうですから、人間らしく育つには、色々な人のかかわりが重要であり、子育てが母親一人で頑張るものではないことの証明ともいえるでしょう。

❊

人が子育てをするうえで、大事なパートナーである父親が子どものそばにいなくなったのは、明治以降のようです。それ以前の幕末の江戸では、下級武士は着物の中に赤ん坊を入れて歩いていたこともあったとか。明治時代から、父親が外で仕事をするようになり、子育てへのかかわりが減り始めます。

現在の日本は、世界中で最も父親が子育てにかかわる時間の少ない国になってしまいました。産後、周囲に気兼ねしながら母親一人が頑張ってしまう現状は、人類史上から考えてみれば負担に感じても当然のことなのですね。ある調査研究によると、子どもが3歳くらいまでに夫が子育てをよく手伝ってくれた、と妻が感じている場合、その後の夫婦関係が良好で、その逆の場合、夫婦関係はそのころを境に悪化しているケースが多いという結果が出ています。

※

ここまで女性側の肩を持つ話ばかりをしてしまいましたが、妻から夫の立場へも共感が必要です。男性は、女性のように体を通して父親にはなれません。生活の中での体験や頭で考えることで、父親になっていきます。ですから、妻を手伝いたい気持ちがあっても、必ずしも上手にできないことがあるのは当然なのです。

「ちゃんとお皿が洗えてない！」「洗濯物がしわくちゃじゃだめ！」などと、せっかくやる気を出してくれた家事に注文をつけると意欲がそがれますね。子育ても同じです。「ありがとう」「さすがね」「うれしい！」など、肯定的な感謝の言葉で妻に認められ、役立ったという感覚が得られれば、男性は、夫としても、父親としても育つのです。

たまには、子どもが生まれる前の2人の生活を思い出して、夫に対して怠慢になっている部分は少しだけ反省しましょう。配慮することはお互い様で、夫婦円満でいるためには大切なことです。子育ては、長い人生で考えれば一時期のこと。やがて子どもは巣立ち、また夫婦の単位に戻っていくのですから。

外出するのがイヤな私はおかしい？

外出がおっくうで、引きこもりのようになってしまう…。これは、大なり小なり産後の女性が皆さん感じていることだと思います。

前の章でも書きましたが、産前産後は睡眠不足が続いていますから、十分に休めていないうえ、母乳を赤ちゃんにあげているわけですから、疲れやすくなって、前向きになれないのは当然のことなのです。そして、「他のお母さんたちは、育児を自然に楽しんでいるのに、私はつらいと思ってしまっている…」と思い込んでしまうのも、実は多くのお母さんが経験しています。

こういう時は、本当は無理に頑張らないで、自然な流れに身を置く感覚で過ごすのが一番です。赤ちゃんの方も、ぎらぎらしたエネルギーを持ったお母さんがガンガン勢いよく接するよりも、ゆったりしたテンポのお母さんの方が安心で心地良いでしょう。

ただし、自分の意志というよりも、産後の興奮状態からハイテンションになってしまうタイプの人もいます。やたら頑張って色々なことをやってしまうため、ホルモンが妊娠前の状態に戻る時期にはどっと疲れが出てしまい、体調や心のバランスを崩しやすくなります。きっと産後は、「無理をしなくていいですよ」と生理的なものが働いているので、元々、行動的な人でも、出歩きたくなくなるのが自然なのかもしれません。眠れたら眠る、眠れなかったら好きな音楽を聞くとか雑誌を眺めるとか、ゆったり付き合ってくれる友人と話すなど、ゆるゆる感で過ごすお母さんの方が自然で、赤ちゃんにとってもうれしいでしょう。

現代社会はテンポが速く、次々に何かをしていなければ取り残されるような感覚を持ちやすいことを、私は危惧しています。インターネットや携帯電話に取りつかれたようになっているお母さんたちを見ると、産後うつにならないかと心配です。なぜならテレビやパソコン、携帯電話から受ける青い光は、神経を興奮させて、ますます眠れなくなってしまうからです。「情報を取り逃して、育児に支障が出る」

というより、「情報に振り回されている育児」が問題になっています。

人間の体に、「母になったら、赤ちゃんのそばから離れないような状態になる」ことが組み込まれていると考えれば、本能に逆らわないことが一番なのです。妊娠すると、おっぱいの様子が変わりますね。あれも、オスを寄せ付けないために、メスとしての乳房から母としての授乳のための乳房に変わるのだと、以前、どこかで読んだことがあります。授乳をしているときには、次の子どもが妊娠しないような体の仕組みができていたりもします。いろいろなことが自分の意思以外のところでうまく働き、動物としての子孫繁栄のために組み込まれていることに、あらためて感心します。

❊

人生の中で、妊娠、出産にまつわる感覚は、独特な期間のものだったと実感しています。子育ての専門家として仕事をしていますが、産後しばらくは子どもへの愛

情や愛おしさとは別のところで、自分の感情や体や神経が揺らいだことを、ついこの前のことのように思い出します。訳もなく心細いので、「今日、仕事休んでくれる?」と、夫に頼んだこともありました。「これが、ホルモンのいたずらなんだな」と頭でわかっていてもダメだったので、「逆らわない」「無理をしない」と言い聞かせてしのいでいたら、いつの間にかその時期は過ぎていました。

「昔は、育児書もなかったのに、みんな、立派に子育てをしてきたんだ」と自分に言い聞かせ、「そうだ！　原始時代に戻ればいいんだ！　何もなくても、感覚だけでも育てられるはず…」なんて、極端な想像を働かせて、自分の気持ちをゆるめたこともありました。

ただし、昔は、いろいろな人が助けてくれることが当たり前だったから子育てできたのです。無理に出歩かなくてもいいですが、お母さん一人で、子育ての大変さを背負い込むのは不自然なことなので、大いに誰かに助けてもらう方が良いと思います。

2 信頼から始まる親子関係

お母さんだけの子育ては不自然

最近、日常生活の中で、身近な物をじっくり見たことがありますか？　たとえば、散歩中の雲、道端を歩いているアリの動き、お風呂に入っているときの石鹸の泡の美しさとか…。

心にゆとりがあり、自分がその気にならなければ、なかなかそのおもしろさや魅力に気づきにくいものです。みなさんが毎日やっておられる子育て、特に赤ちゃんが成長していくすごさやおもしろさも、その気になって見てみると、感動の連続なのです。

でも、「子育て」という言葉が誤解を生むのか、育てなければならないという責任感からか、赤ちゃんを「よく見ること」よりも、「してあげること」や「教えること」、「できるようになること」に気持ちや目が奪われて、気が付いた時には「いつの間にか、こんなに大きくなっていた」ということが多いのです。

※

実は、人間の赤ちゃんには、生まれながらに備わっている不思議な力がたくさんあります。お母さんの子宮の中で、自由に動くことができたり、手を使って自分の体を触ったり、指しゃぶりをしたりして遊べるのは、人間の赤ちゃんだけができること。この子宮環境が、人間を人間らしくしている、とも言われているのです。

他の動物は、生まれたらうつぶせていることが多いのですが、人間の赤ちゃんは、生まれてすぐに仰向けで安定していることができます。これは、人と目をあわせてコミュニケーションを取ることで、人間らしくなっていくためではないか、と言われています。

また、動物は、生まれた時にほぼ親と同じような姿になっていて、すぐに歩けるようになります。それは、動物は捕食、つまり餌を自分で捕ることができれば、生きていけるからだと言われています。人間が手のかかる赤ちゃん時代が長いのは、他の動物にはない複雑でしなやかな機能や能力を確実に身につけていくためなのだそうです。

そして、さらに大事なのは、人間の赤ちゃんが「お母さん一人で育てるようにはできていない」ということなのです。

※

人間とＤＮＡの塩基配列が98・8％も同じであるチンパンジーの赤ちゃんは、生まれてから4年間ほど、お母さんにしがみついて育ちます。子どもが離れていくと、母チンパンジーは次の子を産みますが、基本的に一人で出産し、子育ても一人で行うのだそうです。しかし、人間は違います。人間の赤ちゃんの特性に関する様々な研究によると、仰向けで落ち着いて過ごせることや皮下脂肪が多いこと、そして、大きな声で泣くことなどは、他人と関わりを持って育つためと言われており、子どもを集団で守り合って育ててきたからこそ、人間は生き残ってきたと考えられています。

つまり、「みんなで育ててきた」というよりも、「みんなで育てないと、人間らしく育ちにくい」というのが、人間の特性なのではないでしょうか。ですから、社会から遮断された密室で、お母さん一人に任された子育てが、難しく、つらくなるのは、当然のことなのです。決してお母さんたちは、子育てがうまくいかないのは、自分がダメな親だからと落ち込まないでください。

私は、育児休暇を取ったお父さんが、一人で子どもを任されたときに育児不安になったという話をたくさん聞いています。この事実は、お母さんに代わって誰かが赤ちゃんを育てればいいというのではなく、子育ては、一人でするものではないということの証明なのです。

「子育てが楽しめない」と嘆くお母さん。それは、「一人で頑張らないで！　誰かに助けてと言っていいですよ」というシグナルです。そのことをぜひ、知っておいてください。

「いい親」ってなんだろう

そもそも、「いい親」って、どんな親のことを言うのでしょうか？

調べてみると、歴史的に有名な人たちも、実は親になってみて、反省したり後悔したりしているようです。また、親の子育てについての悩みは、現代社会だけかというと、そうでもなさそうです。というのも、江戸時代の親の悩みも似たようなもので、「最近の子どもはおもちゃを大事にしないで、次々と新しいものを欲しがって困る」とか「床屋さんに行くのを嫌がるので相談した」というような、親の悩みが書かれた記録が残っているからです。

相談を受けていたのは、当時のお医者さんで、たとえば床屋を嫌がる子どもの相談には「橋の欄干を触れば治る」というような助言をしたというのですが、その真意は、「また（子どもが）泣くのでは？」と思う母親の緊張が、子どもに伝わってしまうので、母親をリラックスさせることが目的だったと記されているのです。

親の悩みは、どの時代も、もしかしたらそんなに変わらないのかもしれません。特に一人目の子育ては徳川家康さえも、「長男を甘やかしすぎて育て、失敗した」と書き残していたそうですから、初めての子育ては誰にとってもなかなか難しいもののようです。現代と昔と大きく異なるのは、子どもが育つ生活環境や社会のありようでしょう。

※

江戸時代の終わりの頃は平和で、日がな一日、子どもの遊んでいる様子を見て笑っている大人たちがあちこちにいたようです。そのため手作業がはかどらず、仕事の能率が下がるので、ある地方では「笑い貧乏」という言葉もあったとか。また、ある地方では、昭和の中頃まで、赤ちゃんのお食い初めのときには、近所のみんながその家に集まってお祝いをしたり、病気をしないで元気に育つようにと、近くの長命なお年寄りの着物の切れ端をもらって縫いつなぎ、赤ちゃんの着物にして着せる儀式が残っていました。夜泣きをする赤ちゃんのためには、鶏の絵を逆さにして神棚に飾り、昼夜逆転が治るように、みんなで祈ったりしたのです。

昔、赤ちゃんは、地域のみんなにとっての宝だったのですね。現代のように、夜泣きにお母さん一人が格闘したり、周囲に気兼ねしてストレスを抱える必要もなかったのですから、お母さんたちは心強かったことでしょう。

親という役割は、保育者や教師の立場とは異なり、常に進行形で一生続く役割です。子どもにとって自分の子育ての何が良かったのか悪かったのか、自分の人生が終わるときでさえも答えが出るものでもなく、わが子の人生が終わるまでわかりません。しかも、わが子の人生が終わった後の孫の世代にも、ずっとつながっている、と考えていくと、目先の出来栄えばかりにとらわれることは、あまり意味がないと気づきます。

ご先祖様からつながってきた命のバトンを、周囲の人々と助け合いながらつないでいく行為を、私たちは「親」という役割で果たしていくのでしょう。あわてずにいたいですね。

※

以前、私が出会ったあるお母さんのエピソードです。

彼女は、息子・ユウタロウくん（1歳）の夜泣きが続き、疲れ果てていました。そして「この子は私をノイローゼにする気なんです」と本気で私に言うのです。

赤ちゃんの夜泣きにはいろいろな理由がありますが、寝返りができるようになったとか一人歩きができるようになったとか、人見知りをするようになったとかいうような発達の節目に夜泣きをよくすることを、私は長い保育者体験の中で気づきました。私は、そのお母さんに「人間の脳は、寝ているときに経験したことを定着させます。ですから、寝ているときに日中に自分が体験した同じことがよみがえるのです。好奇心旺盛なユウタロウくんは、目覚めているときに起こったたくさんのことを通していろいろ学んでいます。その多くの情報を脳が処理しているときに、夜泣きになっているのでしょう」と解説しました。

また、いつも「困った、困った」と、他の子と比べてはわが子の悪いところを指摘していたご両親に、ユウタロウくんの園でのエピソードを話しながら「人と同じでないから、価値が上がるんですよ。人間はみんなその人らしさを持っています。そのような意味でみんな天才なのです。天才は社会の宝ですから、お母さんがひとり占めしないでください。みんなで育てましょう！」と伝えると、「夜泣きされてつらかったけど、社会のために天才を育てていると思ったら頑張れそうです」とキラキラした笑顔で話してくれました。

もしも「いい親」というものがあるのだとすれば、偶然の出会いとしか言いようのないわが子との巡り合わせを楽しみ、わが子といえども私物化せず、「社会の中で、意味ある大事な存在なのだ」と、日々の生活を通して、子どもに一番近いところで、愛をこめてそのことを伝えていく役割のできる人を指すのだと、私は思っています。

ほめることの意味

幼稚園の団体から講演依頼があり、打ち合わせのため、2人の幼稚園の先生が訪ねてきました。一人の先生は30代前半の男性で、もう一人はベテランの女性でした。講演内容の打ち合わせなので、日頃、私が考えている子育てや保育についての見解をあれこれと話したところ、2人とも「なるほど…」と耳を傾け、納得してくださいました。

後日、その男性保育者に再会したとき、彼から「井桁先生のお話を聞いて、自分が社会の状況や家族の現状、子どもたちが抱えている問題など、知っているつもりで本当は何も知らないで保育してきたことに気づかされて、かなりショックを受けました。あれ以来、今まで何とも感じていなかった幼稚園の先生たちの子どもにかける言葉が気になって仕方がなくなったんです」と言われ、その内容について尋ねてみました。

「通園バスでのこと。5歳の男の子が、バスの中で気持ちよさそうに歌を歌っていたら、ある先生が『〇〇くん、上手ね！』と声をかけたのです。僕は、子どもたちがバスから降りてから、先生に言いました。『なぜあの時、あんな言葉をかけてしまったの？』と。先生は、言われた意味がわからないらしく、きょとんとしていたので、『せっかくあの子が気持ちよく、自然に歌を歌っていたのに、〝上手〟という評価の言葉をかけてしまったら、次からは、上手に歌わないとほめてもらえないという余分な気持ちを育ててしまうことになると思う。本当は、一緒に歌ってあげるか、黙って聞いているだけでよかったのでは』と言ったのです」。

この先生の感性に、私は驚かされました。確かに、私は大人の評価を気にしすぎる子どもたちの育ちについて心配していると話しましたが、それを、まさかこれほどまでに、きちんと受け止め、ご自身の保育観や子ども観に響かせることのできる人がいるとは思いませんでした。

この先生の嘆きの意味をご理解いただけたでしょうか？　ほめられることは、子どもにとって自信のつく元気の源になりますが、その一方で、もっとほめられたいという気持ちを起こさせ、ほめられるための結果を出さないとダメという気持ちも育てることになります。それは「ダメ！」と叱られた時と同じ「評価」につながってしまうというわけです。

「叱る」と「怒る」に違いがあるのと同じように、「ほめる」と「認める」にも違いがあります。「上手」というほめ言葉は、「下手はダメ」ということ。赤いチューリップを描いた子どもに、「赤いチューリップが、上手に描けたね」とほめれば、青いチューリップを描いた子どもは、「青ではダメなのかな？」と思ってしまったり、上手に描けなかったときは「見せたくない」という思いがわいてきてしまいます。

「素敵なチューリップだね」「いい香りがしてきそう」と、大人が感じたことを感想として伝えれば、評価とは違った「満足感」を子どもに与えられます。幼児にとって絵を描くことは表現なので、本来はその子の自由な思いや感じ方が表現できていればいいのです。

また、子どもを頑張らせるために、大人たちがごほうびをあげることもよく見られます。これも、時々はあってもいいかもしれませんが、乱用すると、本当の意味でのやる気がなくなってしまいます。心理学の実験でも、ある行為をするたびにごほうびをもらった側は、ごほうびがもらえなければやらないという意欲低下の結果が出ていると聞きます。結果に常にごほうびをつけられることは、その行為に対してもともと自分の気持ちからモチベーションが作られたわけではないので、長続きがしにくいようです。誰かにほめられるためにやる、ごほうびのためにやる人よりも、やりたいから一生懸命取り組む人に、わが子を育てたいですね。

子どもの心の育ちは、劇的なエピソードからではなく、日常の些細な積み重ねの中で織りあがっていくものです。ほめ言葉の中に大人の「思い通りになってほしい」とか「早く良い子になってほしい」という育て急ぎの気持ちがあるときには、子どもの心が育つときに危険な言葉に変わりますので、十分ご注意ください。

叱り方って難しい

よく「叱る」と「怒る」には違いがあると言いますが、その違いを自覚されていますか？

「叱る」は理性が働いている状態ですが、「怒る」というのは自分の感情をそのままぶつけてしまうこと。似ているようで、少し異なります。ときには、人として自然な感情で怒ってしまうこともあってよいと思いますが、まだ言葉で反論できない幼い子どもには、いつも感情的に怒ってしまうと「怖い」という感情だけが残ります。その場は言いなりになってくれますが、なぜ大人が怒っているのかを理解していないので、同じようなことを何度もしてしまいがちです。

また、怒る人がいなければ同じことをやってしまうとか、人の顔色を見てオドオドするようになってしまうので、自分に自信のない自己肯定感が持てない人に育ってしまいます。

子どもが「何回言っても言うことを聞かない」とか「同じことを繰り返す」という悩みをお母さんたちからよく相談されますが、そういう場合は怒っていることが多く、肝心な「やってはいけない理由」が伝わっていないので、経験したことが次に生かされていません。「怖い」という感覚は思考が停止しますので、一度した経験が「わかった！」につながりにくく、何度もやってしまうことになります。

子どもの行為の多くは、お母さんを困らせようとわざとやるようなことはほとんどなく、ご飯をこぼしたり、物を落として壊したりすることは、経験不足や好奇心の表れなのです。そんなときは頭ごなしに怒る前に、一度深呼吸をして、子どもの気持ちを聞いてみることが大事です。できるだけ悪意に取らずに、子どもの気持ちになって考えましょう。「自分で取ろうと思ったの？」とか「うまくいかなくて残念だったね」など、子どものそのときの心持ちを代わりに言葉にしてあげると、「ママは、自分の気持ちを理解してくれた！」と感じますので、次から、とても聞き分けがよくなっていきます。

これは甘やかしではなく〝自分の気持ちを言葉で表現するためのお手伝い〟です。そして「そおーっと持てばよかったね」とか「お茶碗をおさえておけばよかったね」など具体的なアドバイスをすれば、次に似たような状況のときに生かせますから、具体的に自分の力で行動をコントロールできます。ここが、子どもからの信頼を築く大事なポイントです。

カーッとなっても頭ごなしに怒らず、まず理由を聞いたり、思いを言葉にして、具体的に助言することを赤ちゃんのころから心がけると、やがて、聞き分けがよく、思いやりのある子どもに育ちます。ナースリールームで長年、そのような姿勢で子どもたちとお付き合いしてきましたが、一度も裏切られることはありませんでした。幼い子どもは、義理がたい人たちで、信頼に値する存在です。

もちろん個性の範囲内で、いたずら好きとか、とりあえずなんでもやってみたい好奇心のかたまりのような子はいましたが、その場合は、お父さんやお母さんもやりたがりさんや知りたがりさんが多いようです。遺伝子がそうさせていることもあるのでしょう。

たとえば、親が集中力を要する多くの情報を処理する職業についている場合は、お子さんも集中力があってこだわりがある子が多く、幼いうちは大人を困らせるようないろいろないたずらや自己主張をしたりしますが、大人が腹を据えて本人に任せれば、すごいことを考えたり、発見したりしています。両親がアーティスト系のお子さんだと、色や音に敏感で、遊んでいても美しいものや素材感にこだわっていたり、同じ洋服を気に入って毎日着たがったりしていました。職人系だと、積み木の積み方にこだわりがあったり、ままごとの手つきが見事だったり、文系のお仕事ならば、絵本が大好きだったりおしゃべりが上手だったり…、という具合です。

お子さんの行動をどうやって規制するかがしつけなのではありません。行動の意味をその子にわかる言葉で伝え、やがて自分の力でコントロールできるようにすることです。そして親が、子どもがおもしろがっていることに気づく（よく観察すると、お父さんやお母さんに好みが似ていませんか？）と、そこから「なるほど」という共感が芽ばえ、信頼関係が確かなものとなっていきます。

難しいこと、困ったことは失敗の経験を重ねながら、次に生かされるように理由を説明すると伝わりやすく、ゆったりした接し方を心がけていけば、子どもは親の言葉に耳を傾けてくれるようになり、楽しい子育てにつながっていくでしょう。

人は、信頼されれば他者を信頼できる人に育ちます。悪く疑われていれば、その通りに育ってしまうのです。いい子の育て急ぎを極力避けて、いろいろ失敗したことがやがて上手になる秘訣と思って、お子さんに気長につきあってください。子どもは〝せっかち母さん父さん〟より〝のんきな母さん父さん〟が好きですよ。

ただし、どんなのんきな親でも、命にかかわることや危険なこと、人を傷つけることなどが起こったときは、毅然とした姿勢で子どもに伝えなければなりません。理由を真剣に子どもにわかるように伝えましょう。

もし、大人の勘違いで怒ってしまったり、疲れていて余裕がないために感情的になってしまった時などは、ごまかさずに「さっきはごめんね。ちょっと疲れて言いすぎちゃったね」と謝ることも大事です。大人だって間違いや失敗があってもいいのです。

大切なのは、失敗を認め、言葉にして子どもに伝えることです。親の言動は、子ども自身が自分の失敗を認めて素直に謝ることができる見本となります。親が謝ることで威厳がなくなる、という心配は無用です。たとえ1、2歳の子どもでも大人の本質的な感情をちゃんと汲みとってくれますので、信じてあげてください。

※

ずっと以前のことです。ナースリールームを卒園し4歳になったケンくんが、幼稚園に行きたがらないと、お母さんから相談の電話がありました。行きたくない理由を尋ねても、お母さんには話さないようでした。「ナースリールームに遊びに連れてきてみては?」と話すと、「赤ちゃん返りしたら困るので…」と渋っています。「大丈夫! 心が健康であれば、赤ちゃんでいたい子どもなんて一人もいません。みんな大きくなりたがっているものです」という私の言葉を信頼したお母さんが、翌日、ケンくんを連れてきました。

その日、ケンくんには私の助手として、掃除や片付けを手伝ってもらいました。

おやつの時間になり、「今日は、ケンくんは大人と同じですから、職員室でお茶にしましょう。どんなお茶がいいですか？」と尋ねたところ、周囲を見回して「ぼくは、こんなお茶が飲みたいです」と片手を細かく動かして言いました。食器棚の中に茶筅《ちゃせん》があったことに気づいたようで、抹茶を飲みたいということだとすぐに察しがつきました。

「なるほど、了解しました」と、抹茶を茶筅でたてて、テーブルの上に出すと、「ぼくは、こちらでいただきたいです」と床を指すではありませんか。私は「するどいですね。そうです。このお茶は床に座って飲む方が正しい飲み方です。素晴らしいですね。でもこのお茶は、渋いですから、甘いお菓子を食べてから飲んでくださいね」と話し、続けて彼にこう言いました。

「あのね、ケンくん、大人は体が大きいけど、中身が子どもみたいな人もいるし、体が立派でも、間違えることもあるの。だから子どもは、大人が間違えてるなと思ったら、間違えてるよって言っていいのよ」と。

もっともらしい顔で抹茶を飲んでいたケンくんでしたが、「うん」とうなずき、その後は何も言いませんでした。その夜、帰宅したケンくんは「ママ、幼稚園の先生は間違えてるよ」と言い始め、幼稚園であったことをいろいろ話してくれたそうです。その内容は、彼が幼稚園に行きたくなくなっても当然と思える保育者の言葉や対応などきちんとした理由でした。ケンくんのお母さんに「保育者の専門性を信頼して、ありのままを先生に伝えてみては？」とアドバイスしたところ、その後、幼稚園の先生には理由を認めて、改めてもらうことができました。そして、ケンくんは元気に登園できるようになりました。

〝大人の言う通りにできない子＝悪い子〟という視点は、大人の立場でしか見ていないので、子どもの思いは本人の中に押し込まれてしまいます。そして、ケンくんの場合のように、大人が間違えていることもよくあることです。お父さんやお母さんが、「先生に叱られないように、ちゃんと言うことを聞くんですよ」と、子どもを幼稚園や保育園に送りだし、お迎えの時に「いい子にしてた？　先生の言うことをちゃんとできた？」と言っているのを時々耳にしますが、子どもの思いはどこへ行ってしまうのか、と心配になります。

どうぞ「困った時は、先生にお話して、助けてもらってね」と送りだし、「今日はどんなことがあったか聞きたいなあ」と迎え、自分の思いを自由に表現できる雰囲気づくりを心がけてください。そうすれば、子どもは両親への信頼から社会への信頼へと心を広げ、安心と自信を基にたくましく育っていきます。すると、頭ごなしに怒ることも減り、叱ろうと思っていたら本人から訳を聞かされて納得したり、わが子がそんなことまで感じ、考えていたのかと驚いたり、感動したりして、愛おしさを感じ、子育てが楽しくなることへとつながっていきます。

3

家族について思うこと

大切なきょうだいゲンカ

「保育者という職業を選んだあなたは、子どもが大好きでこの職業を選んだのですか?」と尋ねられたら、私は「必ずしもそうではない」と答えます。小学生のころ、近所や親戚で赤ちゃんが生まれたと聞くと、見に行ったり、抱かせてもらって、「かわいいなあ」と思ったことは記憶に残っていますが、そのことと職業を選ぶこととは全く結びついていませんでした。

私は長女で、弟が2人いましたから、散々面倒を見てきて、小さい子どもの世話などはもう十分だと感じていたと思います。それが、小学3年生の夏までは弟が2人いたのに、夏休みが終わるときには、1人になってしまいました…。おかしな表現ですみません。夏休みに入ったばかりのときに、1歳下の弟が川で溺れて亡くなってしまったのです。

昨日までケンカをしていた弟が、目の前で冷たくなっている…。弟に5円借りたまま返してなかった…。色々な悲しみと後悔が次々と襲ってきたことを、今でも思いだして切なくなります。弟の死は、人の命のはかなさを、小学3年生の私に教えてくれました。また、周囲の大人たちの様々な反応や言葉によって、子どもの無力さも思い知らされました。

3人姉弟から、3歳下の弟との2人姉弟になったのですが、普段の生活に戻り始めると、おもちゃや食べ物のこと、他愛のないことを理由に、寄ると触るとケンカをしていました。そんな時に母は、「たった2人きりの姉弟なのに…」とよく嘆いていました。

その当時は、「たった2人だろうが、3人だろうが、そんなものは関係ないもん！」と、私も弟も思っていたと思います。今振り返れば、母の言葉には亡くなった弟への思いがあったと理解できますので、さぞ嘆かわしかったろうと感じます。

ケンカばかりの私と弟でしたが、仲が悪かったかというとそんなことは全くなく、むしろ仲が良い方だったと思います。母は、私が小学4年生のころから仕事を始めました。おそらく弟のこともあり、気分転換のためでもあったのでしょう。

母が日中、仕事で家にいなくなり、私は弟の面倒をよくみるようになりました。弟が小学校低学年までは、一緒にお風呂に入って頭も洗ってあげていましたし、おねしょをしないようにと夜中のトイレにも起きてつきあいました。近所や親戚の人たちから、「面倒見のいいお姉ちゃんだこと」とよく言われていたことを思いだします。

弟は、私の影響を受けて部活動は同じバスケット部を選びましたし、高校生のときにも、私が出かけるところに一緒に行きたがって困ったこともありました。私が社会人になっても、誕生日には、忘れずに花束とプレゼントを届けてくれるので、周囲からは「弟と言うけれど、本当は彼氏なのでは？」と疑われたほどです。

では、小学生のころまで派手にやっていたきょうだいゲンカには、どんな意味があったのか…。今でも、自分の感情を振り返ることがあるのですが、「ケンカしなければよかった」という後悔は、まるでありません。弟も私も、自分の中にある毒のようなものを遠慮なく吐き出して、すっきりしていたのではないかと思います。

そのかわり、学校や友達、近所の子どもたちとは、ケンカの仲裁はしても、ケンカをした記憶はほとんどないのです。

ですからお互いに、「絶対に裏切らない」という信頼関係のもとにするケンカというのは、大事な、意味のあるケンカなのだろうと思うのです。ちなみに大人になった弟は乱暴者にはならず、むしろ弱い人の立場に立った福祉の仕事に使命感を持って頑張っています。仕事を通して多くの信頼を得ていて、自慢の弟です。

※

幼いころにやっておかなければならないこと。それは、「自分の思いや感情を思いきり表現すること」だと思います。大人がいい子になるようにと育て急ぐと、うわべだけの優しさを頭で学ばされ、それは一見、優しさが身についたようにも見えますが、本当の意味での相手の悲しみや痛みに気づくことはできないのです。

生活が便利になり、きょうだいの数が少なくなっている昨今、大人が子どもに目が届きすぎて、口を多く出すことが気になります。本来は、子ども同士で解決した方が良いトラブルも、大人たちによって見た目だけはきれいに解決されていて、子どもの心には不満を残すことが多いように思います。そのような意味で、きょうだいゲンカは、コミュニケーション力が育つために、とても大切な経験と言えるでしょう。

祖父母とどうかかわる?

近年、全国的におじいちゃんの孫育てへの参加率が高まっているように感じています。定年後、現役の父親時代、仕事で奪われた時間を取り戻すかのように、孫とのかかわりを楽しんでいたり、共働きの娘の家庭を助けるために、保育園の送迎を引き受けている人が増えているようです。

全国に講演で出かけた際、そのことを会場に投げかけてみるとうなずく方が多いので、あまり地域差はないように感じています。反対に、おばあちゃんたちが複雑な位置にいるようです。自分の娘を育てたときの勢いを失わず、お母さんより先に、孫のことを考えてあれこれ指示する「管理型頑張り屋」おばあちゃんや「もう子育てはごめんだわ」とほとんどかかわってこない「もう自由に生きたい型」おばあちゃんがおられます。

頑張り屋おばあちゃんが近くにいるお母さんやお父さんは、母親が言うことはいつもおおむね正しく、結果的にうまくいくことが多かったため、そのおかげで自分たちもいい大学に入れたとかいい結果が出たという感覚があり、意見に逆らえないようです。

頑張り屋おばあちゃんたちの世代は、育児書がたくさん出回り、読んで勉強した時代だったので、自分の子育て知識や経験に自信があり、揺るぎがありません。

若いお父さんお母さんたちは、情報には敏感ですが実体験が少ないので根拠が薄く、おばあちゃんにはなかなかかないません。そうなると、自分たちの子どもを育てているのに、おばあちゃんの言葉の方が説得力があり、押し負かされて、自信を失っていきます。現代のおばあちゃんたちは、核家族の専業主婦第一号の世代ですから、孤独に耐えながら頑張ってきたこともあり、自信があるのは当然なのです。

でもその頑張りは、から元気のようなところがあると、私はいろいろなおばあちゃんを見てきて感じています。本当は、自信もなくて、つらくて泣いたこともあったでしょう。それでも、新しい世の中になり、核家族で「家付き、カー付き、ばばあ抜き」という言葉が幸せな結婚の条件だったわけですから、お姑さんがいないことは楽な反面、自分一人で家事も子育ても頑張って乗り越えるしかありませんでした。

その当時、つらかったと強く思った人は、「もう孫育てまではかかわりたくない」というスタンスをとり、「つらかったけれど、結果的に頑張って良かった」と成功体験に結びついた人は、おばあちゃんになっても揺るぎのない自信となって孫育てにかかわってくるわけです。とはいっても、今の育児書とおばあちゃん世代の育児書では、反対のことが書かれている内容もあり、そのことがおばあちゃんとの確執を招いている例は結構あります。子育てと祖父母との関係は、現代のお母さんたちにとっては、助けでもあり、悩みの種でもあるのです。

上の子と下の子

子育てが親の責任だということは、否めない事実としても、親の努力で、思い通りの人間が育つかと言えば、そうとは言えません。

妊娠した時点で、すでにその子らしさは遺伝子が証明していますので、その育ちをよりよく手伝うことが親の責任です。ですから、きょうだいは同じ親から生まれ育っても、全く別のタイプになっていくのは当然のことです。

ただし、長い保育者経験の中において、やはり第1子は、親の気負いや思いに振り回されやすく、気の毒に思うことがよくあります。そして、2人目、3人目となると、ご両親が別人のようにキャパシティーが広がって大きく構えられるようになるので、見ていておもしろいです。3人目の感覚を一人目の時から伝えられたらどんなに子どもが助かるか…、と思って、一人目のお子さんの保護者にあれこれ、ゆったりと見られるようなアドバイスをしてみるのですが、なかなからまくいきません。やはり、人は経験によって成長するので、頭や知識だけではダメなのです。

ですから、一人目のお子さんを育てているお母さんは、そのことを少し頭に入れて、「過干渉にならない」「親として頑張り過ぎて、子どもに思いを押し付け過ぎない」「迷い過ぎない」という3つを心にとめていただくと良いかもしれません。

第2子は、お兄ちゃん、お姉ちゃんと親のやり取りを見ていて参考にしていますから、なかなかの世渡り上手。だからかわいがられやすいのですが、反面、上の子がお騒がせタイプだったりすると、下の子が遠慮して自分を出さなくなってしまうことがあるので、注意が必要です。きょうだいは、平等を意識するよりは、それぞれを尊重することが大事です。「お兄ちゃんだから、我慢しなさい」でなく「弟は、まだ小さいから優しくしてあげて」と言う方が、下の子への理解につながります。

また下の子には、「お兄ちゃんは、今、大事なことをしているから、ちょっと我慢していてね」など、相手を尊重する解説をしてあげるといいでしょう。優しさや思いやりは、尊重されることから自然に身につくようになります。反対に、無理な我慢は、抑圧された感覚が強まり、不満になりやすいようです。

※

また、きょうだい別々に両親を独占するお出かけや時間の過ごし方をすると、特別感があり、自分はちゃんと愛されているんだと確認できるので、心が穏やかに育っていきます。愛情は、奪い合ったり、分け合ったりと量に限りがあるものではなく、わいてくるものなのですから心配は無用です。

生まれた順番で、子どもたちそれぞれが、色々な思いを持って育っていきます。そして、日常の様々な出来事を共有していくときに、生まれ持った気質がかかわってくるので、おのずと相性のようなものも出てきます。親子でも、それは当然のことです。私は、夫婦の関係と相性のようなものが、兄弟姉妹にもまじりあった遺伝子で現れるのではないかと思っています。よくお父さん似とかお母さん似とか「いったい誰に似たのかしら…」という表現は、そのことを自然に感じ取っているからで

しょう。一緒に暮らしているから仲がいいということでもなく、人はそれぞれみんな違っていますから、そのことを理解してリスペクトし合えることが、家族としては素晴らしい関係性なのだと思います。

そのためにはまず、夫婦が相手のことを認め合える言葉を、子どもの前で表現できていることが、とても効果的なんです。子どもが社会に対して前向きにかかわるための最初のお手本は、他人同士が協力して生きている最小単位である夫婦の姿だからです。「パパってすごいよね」「ママって立派だね」など、子どもの前できちんと互いに言葉にし合っていることが、子どもの他者への信頼の核になっていきます。それがきょうだい関係にも反映していくのです。

子どもから教えられたこと

3人のエピソードから

4

赤ちゃんはいろいろわかっている

横抱きで、そっと親に抱かれて登園していた生後3ヵ月の赤ちゃんは、首が座ってくると抱っこひもで縦抱きをされて登園するようになります。30年以上、保育者をしていますが、抱っこひもから出ている手足が、日ごとにむっちりと大きくなっていく様子を見るたびに、この時期の子どもの成長の速さに驚かされます。

成長著しいわが子の様子に喜ぶ日々は、親として無条件に幸せな時期かもしれない、と眺めたりする一方、育児への不安や悩みが具体的なことで増えつつあり、わが子の存在を物理的にだけでなく精神的にも、ずっしりと重く感じているお母さんも多いのではないでしょうか。

あるとき、私の勤めるナースリールームに入園を希望する親子がやってきました。お母さんは赤ちゃんをおしゃれな抱っこひもで前抱っこにしたまま、私にあれこれ質問をしてきました。ていねいにお答えしているうちに、かれこれ15分近くが経過していました。すると、抱っこされた赤ちゃんがぐずり始めました。赤ちゃんは生後10ヵ月です。

「ああ、ごめんなさいね。大人の話が長すぎて、待たせちゃってますね」と私が赤ちゃんに詫びたところ、お母さんは、そんなことはお構いなしで次の質問を口にし始めました。というのも、私が声をかけた瞬間に、赤ちゃんが静かになったからです。

再び、私がお母さんの質問に答え始めると、また赤ちゃんがぐずり始めました。さっきよりもはっきりと不快感のこもった声を出しています。「本当にごめんなさいね。さっきでおしまいになるかと思ったのに、また長くなっちゃいましたね。大人は話が長くて困りますねえ。ごめんなさいね」と私が言うと、またピタリと泣き止み、今度は笑顔で私を見て、ばたばたさせていた片手を私の方に伸ばしてきたのです。私もにっこり笑って、伸ばされた手にタッチをしました。この状況を解説するとしたら、「先生。よく僕の気持ちをわかってくれましたね、ありがとう！」というところでしょうか。

このやりとりで、さすがにお母さんも何か感じたようです。

「ええっ!! この子、先生の言葉の意味がわかったということですか？ まだ10ヵ月なのに?!」「そのようですねえ」と私もにんまり。

本当なのです。赤ちゃんたちは、大人が思っている以上に、かなりのことがわかっているのですよ。

※

これに似たようなことが、在園していたユウキくんが10ヵ月のころにもありました。

ユウキくんも、前抱っこで登園してきていたのですが、6ヵ月ぐらいから前抱っこされているその姿勢から反り返り、まるでスケートの荒川静香さんのようなスタイルで、いつも周辺を見るようになりました。

お気づきではない方が多いようなのですが、赤ちゃんにとって、抱っこひもですっぽりと納まっている状態は、おんぶの時よりも、左右の景色が見にくく、お母さんやお父さんの着ている洋服の柄くらいしか見えるものがないので、退屈な姿勢といえます。確かに安心感はありますが、好奇心の旺盛な赤ちゃんにとって、すぐ飽きてしまうのは当然です。

ユウキくんのすごいところは、そのような不都合な状態から自力で後ろに反り返ることによって周辺を見られることに気づき、それを常に実行し続けたことです。

毎朝、反り返ったユウキくんと目を合わせて「おはよう」と声をかけると、逆さに見えているのに、ちゃんとにっこり笑い返してくれるのですから、立派なものです。たったこれだけのことでも、私には「ユウキくんらしさ」が見えてきました。それは、困ったときに自分でなんとかしようとする意思の強さ、やると決めたらそれを貫く気の強さです。

経験上、このようなタイプの子どもをお母さんが怒らせると、なかなか手ごわいことが多いとわかっていたので、ユウキくんのお母さんに予告しておくことにしました。

「お母さん、ユウキくんに対する処方箋《せん》を差しあげておきますね。ユウキくんは、何とかして周辺の様子が見たくて、反り返りスタイルを自分で発見し、毎日やり続けているすごい意思と実行力の持ち主です。ということは、これからもいろいろなことが起こるでしょうが、ユウキくんなりの理由があることが多いはずです。お母さんに思い当たることがなくて、彼が泣くのがおさまらないときは、前後のかかわり方を振り返ってみてください。心当たりがあったら、謝ってみるとおさまるかもしれませんよ」。

そう話したのが金曜日でした。

週明けの月曜日。ユウキくんのお母さんが、開口一番、「先生！　本当でした！」と言うのです。何のことかときょとんとしている私に、お母さんが続けます。

「先週、先生がアドバイスしてくださったことが当たっていたんです。土曜日の夕方の忙しいときに、ユウキがあれこれ要求してくるので、思わず感情的に怒っちゃって…。そうしたら、大泣きしてしまいました。何をしても泣き止まなくて困り果てた時に、先生の言葉を思い出して、試しに謝ってみたんです。『さっきはイライラして、怒っちゃってごめんね』って。そうしたら、ピタッと泣き止んだんです。もうびっくりしちゃって…。容子先生のおっしゃる通りでした」

「そうでしたか。お役にたててよかったです。私が伝えていなかったら、ユウキくんは困った子扱いされていたかもしれませんね」

「そうですね。ありがとうございました！」

※

こんな風に、赤ちゃんと思われている年齢でも、子どもは自分の思いも相手の思いもしっかりと感じ取っているなかなかの存在なのです。言葉がわからないからなんて思わないで、ていねいに心を向けてみてください。赤ちゃんたちは結構義理堅くて、してもらってうれしかったことは、その人への「信頼」という形で積み立てておいてくれます。そして、その大人が本当に困っているときには、その「信頼の積立」を使って対応してくれます。そのことを、その後のユウキくんのエピソードから証明しますね。

ユウキくんが1歳半になったころのこと。夕方帰るために玄関に来た時です。お母さんが靴箱からユウキくんの靴を出した途端、急に大声で泣き出しました。

「何？　どうしたの？」と戸惑うお母さんに「もしかしたら、自分でやりたかったのかしら？」と私が言いました。

「ええっ？　そうなの？」とお母さんがユウキくんの靴を靴箱に戻すと、ピタリと泣き止んで、自分で靴を出しました。

「そうそう、結果的に同じでも、子どもの思いが大事にされたかどうかが、その後の育ちに大きく影響します。余裕があるときは、なるべく子どもの思いを尊重すると、本当に大人が急いでいるときや困ったときに、必ず協力してくれます。つまり、『信頼の積立貯金』ができるということです」と私が解説をしました。

ユウキくんは、靴を履かせてもらいながら、背中で私の話を聞いていたと思います。彼は玄関を出ていくときに、満足そうな笑顔でバイバイをしてくれました。

その2日後。

「先生！　信頼の積立の効き目があったんです！」と、ピカピカの笑顔でお母さんが声をかけてきました。

「いつもは、芝生のところで寄り道をして、なかなか帰ってくれないのですが、『今日はママが歯医者さんに行くから、急いで帰らなくちゃならないからよろしくね』と言ったら、すぐにうなずいて、すんなり自転車に乗ってくれたんです」と。すごいですね。信頼の積立貯金、いっぱいしてくださいね!!

※

そういえば、Eテレ（NHK教育）の子育て番組でご一緒するタレントのくわばたりえさんが、同じようなエピソードを私に話してくれたことがあります。

くわばたさんのお子さんが2歳のころ、公園で遊んでいてなかなか家に帰ろうとしなくて困ったときに、私が番組で助言した言葉を思い出し、急いで帰宅しなくてはならない理由を話したのだそうです。そのかわり、「今度は、パパと一緒に公園でたくさん遊ぼう」と先の見通しも伝えたところ、すんなりうなずいて帰る気になってくれたとか。加えて、私が「子どもとの約束はちゃんと守ることが大事」と言っていたので、数日後、約束通りに父親も一緒に公園に行ったら、とても満足して帰ってきたと。そして、そのころから、こちらが困ったときには、きちんと理由を話すようにしたら、とても聞き分けが良くなって、手がかからなくなったということでした。

⁂

幼い子どもに、誠意はちゃんと通じます。「何にもわかっていない自分勝手な人」と思ってしまうと、その通りのわがままな人間になりますし、「この子は、ちゃんとわかってくれる」という信頼を持って接すれば、そのようなやりとりがちゃんとできる人間に育っていく。子どもはそういう存在なのです。

本当の優しさを育てるために

子どもが発する「いや!」や「だめ!」を〝困ったこと〟ととらえる大人がとても多いようです。では反対に、何を言われても、何に対してもすべて「はい」と受け入れる子どものことは、心配にはならないでしょうか?

お腹の具合が良くなくても「食べなさい」と言われたら我慢して食べてしまう、アリを見つけて「おもしろい!」と夢中で観察していても「早くしなさい」と言われたら自分の興味をあっさりと捨てて相手に従ってしまう、大切な宝物でも「貸してあげなさい」と言われたら簡単に渡してしまう…。こんな子ども、何となく心配ではありませんか?

何でも相手の言う通りにすることは「優しさ」ではないのです。大人が困ると思っている子どもの「いや」や「だめ」は、自分の思いを表現する大事な言葉なのです。

ヤスカちゃん（3歳）は、遊んでいるときにおもちゃを取られても、他の子に割り込まれて先を越されても、いつも黙ったままです。そのことを、周りの子どもたちがだんだんわかってきて、平気で横取りすることも見られるようになってきました。

あるときヤスカちゃんがおもちゃ棚から持ってきた人形を、ヒロトくん（2歳10ヵ月）がさっと横取りしていきました。

「ヤスカちゃん、そういうときは『だめ！』って怒っていいのよ。先生と一緒に取り返してこよう！」と、彼女と手をつなぎ、逃げて行ったヒロトくんを追いかけました。「こら〜っ、いたずらねずみ！　それはヤスカちゃんのお人形だから、返して！」と、ちょっとおどけた雰囲気でヒロトくんに言いました。当のヤスカちゃんは、ニコニコしながらうれしそうに私の手を握ってついてきました。それがヒロトくんには、意外だったようで、びっくりしたように人形を返してきました。

「ヤスカちゃん、これからもいたずらねずみがやってきたときは、『だめ！』って言っていいのよ。それでも困ったときには、先生を呼んでね、助けにくるからね」と話すと、小さくうなずきました。

翌日のことです。ヤスカちゃんが、ままごとコーナーでお料理を楽しんでいるところに、ヒロトくんがやってきました。ヤスカちゃんの手つきが良くて、少しの間、ヒロトくんも私たち保育者も見とれていました。

そのうち、ヒロトくんがヤスカちゃんの持っていたお鍋を取ったのです。すると彼女は「だめ!! 今、使ってたの！」と、彼からお鍋を取り返そうと手を伸ばしました。ヒロトくんも、取られまいと逃げ出しました。ヤスカちゃんは、走って追いかけ「だめ!!」と大声で言いながらヒロトくんの体をつかみ、お鍋を取り戻しました。ヒロトくんは、初めて見るヤスカちゃんの怒りに驚いたのか、泣きだしてしまいました。

私が「友達が使っているものが欲しくなったら、『同じもの、あるかな?』って探してみるとよかったね。先生と一緒に探してみようか?」と声をかけると、ヒロトくんも一緒にままごとコーナーに戻り、同じ鍋を見つけ、2人並んで遊び始めたのでした。さらに、ヤスカちゃんの近くにあった野菜を使おうとした際、ヒロトくんは「ちょっとこれ、使っていい？」とヤスカちゃんに確認したのには、驚きました。

ヤスカちゃんが本気の「だめ！」を主張したことで、ヒロトくんは、相手の思いに気づくことができました。まず相手に尋ねることでトラブルは避けられる、ということを自分で考え、そして気づいたのです。素晴らしいですね。さらにヤスカちゃんが自分の思いを大事にし、言葉で表現したことで、ヒロトくんは他者に思いがあることに気づかされ、尊重することを学べたのです。

誤解がないようにお伝えしておきますが、他人のものを欲しがったヒロトくんは、決して困った子どもではありません。「自分の興味や思いに素直に行動できる子ども」なのです。幼いうちは、自分の思いを中心にして行動しますので、ときには相手の思いとぶつかります。相手の思いに気づいたり、尊重する経験がないのですから、当然です。

人の思いと自分の思いがうまくかみ合わないトラブルは、そばにいる大人が上手に知識に変えてあげることで、次に似たようなことが起こった時、その経験が生かされてくるのです。

たとえば、一つのおもちゃを取り合いになったら、「同じのを探してこようか？」「使い終わるのを待ってみようか？」「どうしたら同じのが作れるか、教えてもらおうか？」など、具体的な解決方法を言葉で伝えたり、同じものを一緒に探しに行ったり、という行動の方法を伝えていくと、問題を解決する力が育っていくのです。

※

子ども同士のぶつかりあいを経験した子どもは、見方を変えればトラブルをいろいろな形で経験できた子どもであり、人とのコミュニケーションの知識がたくさん身についた子ども、ということになります。大人がトラブルを起こさないようにと先回りをしたり、ぶつかりあいを避けてばかりいると、相手の気持ちに気づかないばかりか、自分自身の思いも大切にできない人になってしまうことがあります。お母さん、お父さんたちには、ぜひ気をつけていただきたい大事なポイントです。

もちろん親として、他人に優しくあってほしい、トラブルを起こさないでほしい、という願いは、ごく当然のことです。でも、本当の意味での優しさは、様々な体験を通して、時間をかけて育ちます。くれぐれも、お子さんを育て急がないようにしてくださいね。コミュニケーション力というのは、自分の気持ちを押し殺して他者に合わせることではなく、自分の思いと相手の思いを上手に調整する力のことです。

子どものおもしろオーラを感じて

食事の時にお茶碗で遊ぶ、おもちゃの箱をわざとひっくり返すなど、子どもの様子を大人が「困った行為」と感じ、「ちゃんとしつけないと、行儀の悪い子になってしまう」と止めさせてしまうことがよくあります。

でも一見、とんでもないことのように見える子どもの行為は、すごい研究心の表れだったり、大人が気づくことのできない発見が隠れていたりします。私のように保育者という職業を選んだ人たちは、そんな子どもの持つすごい力に魅せられた人たちともいえます。

私は一般的に、親は自分の子どものことが、本当には見えない存在だと思っています。それは、自分の顔を本人が一番見えないのと同じように、「近すぎて見えない」という意味です。ですから、周囲の評価が気になったり、他の子と比べないとわが子のことがわからなくなったりするのですね。

実は私自身、子育て中に「もしも身近に、わが子のことや自分の子育てを、いい意味で評価や解説をしてくれる人がいたら、子育てはどんなに楽になり、自信が持てるだろう」と、何度も思いました。きれいごとを言うつもりでなく、私は「人は誰もが素敵な魅力を持っているもの」と信じているのですが、それは誰かに見つけてもらい、言葉にしてもらわないと、なかなか自分では認めにくいものです。

仕事や趣味の世界ではキラキラしている女性なのに、お母さんとしてわが子に向かった途端、しかめ面になってしまう人を見るたびに「もったいない」と感じています。頑張っていい親になろうとする前に、一人の人間として、わが子に誠実であれば良いだけなのに…。仕事がおもしろいとき、趣味に夢中になるときのわくわくする気持ちやまなざしを、お子さんに向けてみてください。子どもたちは、たくさんの〝おもしろオーラ〟を発信していますよ。それを感じ取れるかどうかは、親である自分の見方次第なのです。

では、子どものおもしろオーラの見つけ方を、私が出会ったミズキちゃんのエピソードから紹介しましょう。

※

ミズキちゃんが1歳のころのことです。食事の時は、味噌汁の入っていたお椀を裏返して底の方を見たり、上手に手首を使って側面を見たり、中をのぞいたり…。おもちゃ箱は、中身に興味は示さず、箱をひっくり返して縦にしたり、横にしたり、裏返したり…。

「どう見ても、何かを知ろうとしているようなしぐさだった」と担任のカヨコ先生からの報告があり、「もしそうだとしたら、そのような見方は、どんな時に役に立つのかしらね」と話していました。

1ヵ月くらいたったある日、身体測定をしようと身長計を出すと、ミズキちゃんがイヤイヤと首を横に振って、計測を拒みました。納得するまで待つことにしたカヨコ先生は、「お友達が先にやってみるから見ていてね」と、無理強いせず、他の子の身長を先に測りはじめました。すると、ミズキちゃんは身長計の周りをはいはいでゆっくりと回っては止まり、横から見たり、縦から見たり…。結局、身長計の周りを3周した後、「怖くないものだってわかりましたか？　では、測りましょうか」と誘ったカヨコ先生の言葉に、すんなりとのって測らせてくれました。

❊

ミズキちゃんのお椀やおもちゃの箱など色々なものをひっくり返して色々な角度から眺めまわす行為は、そのものを知りたがっている行為だったのでしょう。自分にとって安全なものかどうかを確認する力が1歳児であるのですね。そして、子どもは、納得したらこちらの言うことをちゃんと受け入れてくれるのです。しかし、どの子どもも何かを知ろうとするときに、ミズキちゃんと同じようなことをするかと言えば、しません。これがミズキちゃん流のわかり方であり、それがミズキちゃんの魅力でもあるのです。

そんなミズキちゃんが2歳半ぐらいのときです。ままごと道具をたくさん一度に持っていきたいと床に並べていました。小さな手では、とても持ちきれない量です。カオリ先生は、「手で持っていける量だけにしたら？」とアドバイスしてみたのですが、「やだ！　全部持っていくの！」とミズキちゃんは言います。カオリ先生はミズキちゃんに任せることにしました。この場面でも、保育者は無理やり止めさせたりはしません。赤ちゃんの時から、ミズキちゃんのことをよく見て信頼していますから、「自分で何か考えて、工夫するかも…」と思えるわけです。このあたりが「さすがプロ！」と言えるところでしょう。

そしてミズキちゃんは、本当に保育者の信頼に応えてくれました。スカーフを持ってきて床に広げ、その上にままごとの道具を全部乗せはじめたのです。よく考えましたよね。その後、ミズキちゃんは、スカーフの角を1つ持って引っ張り上げたので、乗せていた道具は、全部床にこぼれ落ちました。すると、散らばった道具をもう一度スカーフに乗せ、今度は2つの角を持ち上げました。当然、また道具はこぼれました。そして、またスカーフを広げて道具を乗せて、今度は3つの角を…。

ちょっと持ち上がりましたが、またこぼれることが予想できたのでしょう。ついに4つの角を持って、全部の道具を運ぶことに成功しました。たいしたものです。素晴らしいですね。

たった2歳でも、どうしてもやりたいと思っていると、知恵や工夫や根気が生まれるのです。うまくいかないことを経験し、あれこれ試行錯誤する時間を待ってもらえるのは、本来、人間の幼児期に与えられた特権です。その特権の中で、ミズキちゃんのように子どもたちは様々な体験を通して、自分の感性に見合った形で学ぶおもしろさを身につけていくのです。子どもを信じて待つ大人の存在の重要さがおわかりいただけたでしょうか。

「でも、そんな風に待ってばかりいたら、わがままな子になってしまうのでは?」という声が聞こえてきそうです。いえいえ、大丈夫です。子どもたちは、そんなにワカランチンではありません。普段から自分の興味に共感し、待っていてくれた大人が叱る場合は、信頼する人が本当に困ることと理解しますので、きちんと話せば受け入れてくれます。それに、1歳前後でも自分が「少しやり過ぎた」と自覚する力はあるので、調子に乗り過ぎたときに叱られると、「ごもっとも」と納得したりもするのです。

※

そして、ミズキちゃんが3歳を過ぎたころのエピソードです。これは、お母さんが連絡帳に書いてくださったお家での出来事です。

（祖母の家に行くと）おばあちゃんがお疲れのようなので、ミズキに「家に帰る」と言うと大泣き。ご飯も「食べない」とまた騒ぐので叱りました。一通り泣いた後、「ママ、小さい子どももいるから、怒るときは静かな声で怒ろうね」と言われました（笑）。一本取られ、夜は無事、穏やかに仲良く過ごせました。

ミズキちゃんが言う「小さい子ども」とは、自分自身のことなのです。ミズキちゃんに一本取られましたね。

私は、ミズキちゃんがお母さんに言った口調が、もしかしたらナースリールームの保育者の口調かもしれない、と推測しました。日頃、ミズキちゃんが気に入らないことがあって大声で泣いたりしたとき、担任のカオリ先生は、同時に周囲への気づかいも伝えたいと思いながら対応しているので、「ほかのお友達がびっくりするから泣かないでお話してくれない？」というような言葉をかけています。その言葉をミズキちゃんが見事に応用して見せたのでしょう。

さらに言えば、自分を感情的に怒っているお母さんの姿と自分が気に入らない時に泣いている姿とが同じに見えたわけですから、自分自身を外側から見ることのできる力もミズキちゃんに備わっている、ということになりますね。いやはや、立派なものです。

「その人の持つ本当の力は、失敗したときにどうするかに表れる。また、失敗した時にこそ本当の力がつく。しかし、日本は世界中で最も失敗を恐れる国だ」といったことを畑村洋太郎氏が『失敗学のすすめ』（講談社）という本で書いていましたが、子どもを大人が教えた通りにさせるよりも、失敗の経験の方が、はるかにたくましく考える力が身につきます。

奇しくも、近年の日本の子どもたちの多くが、先進国の中で最も自分に自信を持っていないという調査結果が出ています。「早く、聞き分けのあるいい子にしたい」「正解を早くわからせて、身につけさせたい」という大人の育て急ぎの気持ちが、子どもの自分で考える時間を奪ってしまっているのではないかと危惧しています。

※

人間の赤ちゃんはかなり有能で、生まれたばかりのときから色々なことがわかっていると言われています。そして信頼する大人が、どんな風に自分のことを受け止めてくれるかを参考にして、次の行動へと生かしていきます。

「おもしろい！」とか「やったー！」と思い、お父さんやお母さんの反応を見た時、怖い顔でにらまれたり、全然、気づいてもらえないことが度重なると、自信がなくなってしまい、自分でやりたい気持ちがだんだん減ってしまいます。一方、自分から何もしようとしない子は、経験としての情報が入ってきませんから、思いがけない失敗やケガをしたときに打たれ弱くなってしまいます。

人はみんな違いますから、興味を持つものも表現の仕方も異なっています。子どもが興味を示すものは、そこに自分の得意なアンテナが立っているということ。その子が好んでやりたがることを見ていれば、その子らしさがどんどん見えてきます。

5

妻として、母として

大切なのは今を積み重ねること

私が保育者になりたてだった１９７０年代後半は、高度成長期で社会がどんどん忙しく、活気づいていていました。父親が家庭から社会に奪われ始めたともいえ、専業主婦が急増した時代。80年代後半には「亭主元気で留守がいい」というコピーが流行していました。皮肉なもので、今はそれが子育てにおける社会問題になっているのです。そのような時代でしたから、結婚して仕事を辞める女性が多く、結婚までの「腰かけ」的なスタンスの人が多かったのです。ですから、あの時代に赤ちゃんを誰かに預けて働く女性は「子どもがかわいそう」という中傷に耐えなければなりませんでした。

自分の夢の実現や生活のためにどうしても仕事を続けなければならなかった女性たちの中には、〝自分が仕事を続けることで、子どもに負い目を負わせることはできない〟という仕事と子育ての両立をある種の覚悟を持って臨む人が多くいました。私が20代に出会った保護者たちは、そんな女性ばかりでしたので、自分への厳しさ、忍耐力、頑張り、勤勉さ、モチベーションの高さなど、様々なことを具体的な姿で学ばせていただきました。

当時、まだ結婚もしていなかった私にとっては、厳しい仕事と大変な子育ての両立ができるすごい女性のお手本ばかり。「私も将来、こんな風になりたい！」と高い理想もたくさん心にとめることができました。

しかし、実際に子育てと仕事の両立をしてみると…。さりげなく見えた日常のあれこれが、実はとても大変なことの積み重ねであり、すごい能力が必要だったと思い知らされました。今更ながら、これまでに出会ったお母さんたちには、敬意をはらわずにはいられません。

どんなに忙しくても、忘れ物もせず、3年間、子どもの姿を連絡帳に細かく書き続けたしっかりお母さん。できるだけ自然なものを心がけてご飯を作り、おもちゃや洋服も手作りした努力家のお母さん。どんな時も何があっても「大丈夫ですよ」

と笑い飛ばしていた肝っ玉母さん。ていねいに子どもの思いに気づこうと努力しながら、冬でも鼻の頭に汗をかいて、たくさんの荷物と子ども2人を抱えて登園してきた頑張り屋お母さん…。いろいろなお顔が次々と浮かんできます。

※

あるとき、30歳の大人の女性になった卒園児が訪ねてきてくれました。たくさんの思い出話をするうちに、思いがけないことに気づかされたことがありました。その子のお母さんは頭が下がる努力家。子どもの持ち物は、ほとんどが手作りの頑張り屋タイプでした。

「私の母は、ある時期、ほとんど睡眠を取らずに頑張って、私のものを手作りしてくれましたが、本当はそれがいやでたまらなかったんです。他の友達のように『キャラクターのついた手提げが欲しい』と言ったら、似たようなものをつけてくれたのですが、それがなおさらカッコ悪くて…。持っていくふりをしながら、実はいつもカバンに隠していたんです。それに、いつも一緒に寝てくれないからさびしかった…。手作りする時間を私との時間に回してほしかった」と、彼女は悲しそうな表情で話しました。もう30歳になっているのに、まだ母親への感情に解決がついていないのです。

親として頑張ったことが、反対に子どもに悲しい思い出として心に残ってしまったり、恨まれていたりしている。この事実は、私にとってもショックな気づきでした。「親として頑張っている自分は、誰のために頑張っているのか？」と問いかけてみた時、「もしかしたら、子どもの気持ちよりも親としての出来栄えに重心が置かれていたかも」と考えさせられたのです。

総じて子どもたちは、お母さんが頑張ることをあまり求めてはいないようです。そして、頑張っているお母さんは、子どもの気持ちに気づくことや共感するゆとりがないため、形あるものによる喜びは与えられるのですが、それでは子どもの心は満たされません。子どもというのは、何はなくとも、今の自分に気づいてくれる、寄り添ってくれる「のんきなお母さん」が大好きなのです。似たようなエピソードはほかにもあります。

あるお母さんは、保育園から帰宅し、夕食の支度までが大忙し。なのに、2人の子どもが、あれこれ次々と要求してきたり、ケンカが始まる毎日でした。「食事の手抜きは、絶対にしない！」と誓っているお母さんなので、毎日、台所で奮闘しています。やっと出来上がった食事なのに子どもたちが食べてくれない…。そこで、怒りが爆発!!「ちゃんと食べなかったら、もう何にも食べさせないからね！　せっかく頑張って作ったのに！　もう！」などと、凄んでしまったりします。

お母さんの怒鳴り声に、子どもたちはシュンとなりますね。お母さんも自己嫌悪。その繰り返しで、登園時の親子の表情が日に日に険しくなっていきました。そこで私は「お母さん、頑張り過ぎていませんか？　子どもたちにとっては、お母さんの笑顔が一番のおかずですよ！」と言ってみました。

すると、その翌日。「先生に言われたこともあったし、本当に疲れてしまったので、昨日の夕食は納豆だけにしちゃったんです。そうしたら、2人とも、『ママ、おいしいね！　ありがとう！』って何回も言うんですよ。なんだか変な気分です」とお母さん。子どもたちは、お母さんがキリキリせず、ゆったりしながら一緒に食べた納豆が本当においしかったのでしょう。親の思いと子どもの思いは、こんな些細なところでもズレが生じるものなのです。

※

これに関連して、『頭のうちどころが悪かった熊の話』（理論社）という作品の中に「ヘビの恩返し」というおもしろい話があります。

登場するヘビのお父さんは、〝過去の実〟を食べてしまい「ぼうやだったころのおまえをちゃんとかまってやれなかった。ひどい父親だった」と、急に過去のことばかりを嘆きます。息子ヘビは、お父さんの変化にびっくりします。

次にお母さんヘビがやってきて「大事なのは未来のこと。子どもは未来に目を向けなくてはならない」と未来のことばかり言います。お母さんヘビは、〝未来の芽〟をうっかり食べてしまったようです。そして息子ヘビは、二人に向かってこう叫びます。「過去の僕や未来の僕ではなくて、今の僕を見てほしいんだ!!」と。

過去にこだわったり、未来のことばかり考えて、今を無駄にするのではなく、心地よい今を大事にする積み重ねが、親と子の確かな成長につながっていきます。

※

仕事と子育ての両立は、「欲張らず、ていねいな今を大切に」を心がけていくことが、子どもの思いとのズレを最小にできると、私の経験や出会ったお母さんたちを見てきて学びました。

やることが多くて余裕がないと、「早く子どもに手がかからなくならないかなあ」と思ったりしてしまいますが、子どもが親の手から離れ、それまでの子育てを振り返ると、一番子どもに手がかかっていた時期のことしか思い出せないのが不思議です。その時期は、わが子の体に一番触れていた時期です。抱きしめた時のやわらかさ、「ママでないと嫌だ」と、その小さな手でしがみついてきた心地よさやかわいさ…。わが子に向けて五感がフル活動していた幸福な時期は、残念ながら生まれて3年くらいのものです。

仕事は、ある時期まで細々と縁をつなげて乗り切り、子育てのおもしろさを味わうことが、やがて間接的に仕事に生きてきます。社会は、人との関係性を抜きにはありえませんから、子育ての中で体感、実感、葛藤したことが、仕事での人間関係や想像力、発想のしなやかさに反映されてきます。子孫繁栄だけではなく、人間が本当の意味で成熟するために学ばなければならない哲学が、子育ての行為にはあるように思います。

子どもが病気のときには

仕事と子育ての両立で、一番悩むのが子どもの病気やケガですね。「忙しいときに限って病気にかかる」なんてことがよくあります。そういう時を狙って熱を出したりしているかのように思ってしまいますが、これは実は、親が忙しいと、子どものサインを見落としがちになったり、生活リズムが乱れていたりするので、体調を崩すことが多いということなのです。

また、子どもの心が不安になると免疫力が落ちるので、感染症にかかりやすくなります。赤ちゃんが急に高い熱を出し、なかなか下がらず、解熱したかと思ったら発疹が体中に出る「突発性発疹」という病気がありますが、これは大人の体にすみ着いているウイルスが、その大人が疲れていると唾液に混じって外へ排出され、新しいすみかを探そうとして子どもに感染する、と聞いたことがあります。

突発性発疹になった赤ちゃんのご家庭に「どなたかご家族で疲れていた大人がいましたか？」と確認すると、必ずご両親のどちらかが「とても疲れがたまっていた」という答えが返ってきます。子どもの健康は、お父さんとお母さんの心身の健康と直結しやすいと言えます。親子の健康のため、頑張り過ぎないようにしてくださいね。

3歳まではいろいろな感染症にかかりやすい時期です。一難去ってまた一難…、となりやすく、「うちの子は、虚弱体質なのかも」と心配になるお母さんもいるかもしれませんね。

私の息子も、1歳で保育園に入ってから、発熱、下痢と発熱、咳と発熱、水ぼうそう…。2週間ごとに新しい感染症にかかりまくり、免疫不全かと心配しました。「母親が仕事をしているから、こんな目に合わせてしまっているのかな？」とか、「高齢（39歳）で産んだ子どもだったから、丈夫に産んであげられなかったのかなあ」と自分を責めたこともありました。職場への気兼ねもあり、病気になるたびに、夫とどちらが仕事を休むかで険悪なムードになったこともしばしばありました。

そのたびに私は、独身の頃に出会ったナースリールームのあるご夫婦を思いだして切り抜けていました。

そのご夫婦は、子どもが熱を出すたびに、午前と午後に交代で休みを取り、病気が完治するまでは、決して子どもに無理をさせませんでした。お二人とも会社勤めの方でしたので「そんなにお休みを取って、大丈夫なのですか?」と心配になって尋ねてみると「はい。二人とも職場でかなり厳しい目で見られていますが、私たちの生活は子どもの健康があって成り立つものなので、子どもに負担をかける訳にはいきません。なんとか頑張りぬきます」ときっぱりと答えられたのです。私は、お二人から本物の親の愛と責任を学び、自分もやがてそのような時がきたらやりぬく決心をしたのでした。

❊

あるとき、中学生で拒食症になった卒園児の女の子から手紙が届きました。

「私が小さいときに、預かってくれてどうもありがとう」と書いてあり、とても悲しくなりました。すぐに返事を書きました。「私は、あなたを預かった覚えはありませんよ。一緒に生活した覚えはあるけどね。あなたは、とっても素敵な感性を持った子どもでしたよ」と。

思えば、その子が体調を崩すたびに、病状よりもまず「今日は誰に預かってもらうか」と、本人の前であちこちに電話をし、算段をするお母さんをその子は見ていたのです。「お母さんにとって、自分はお荷物なんだ」と感じていたのかもしれません。

赤ちゃんのころから保育園に入ると、3歳くらいまでにたくさんの感染症にかかりますが、そこで無理をさせなければ、免疫力をつけた分だけ、その後は元気に過ごすことができます。現に私の息子も、小学生時代は皆勤賞でした。職場との関係や仕事も一時は大変ですが、振り返れば、ほんの短い期間です。子どもが病気の時、堂々と休める看護休暇がきちんと保障される職場や社会になってほしいと、切に願っています。

私の夫婦観

私は、親同士が知り合いで、幼いころから家族ぐるみでお付き合いがあった井桁家の長男と26歳で結婚しました。

『となりのトトロ』に出てくるサツキちゃんのカンタへの印象のように「あんな暴れん坊の男の子は、嫌い」と本気で思っていたのですが、不思議な縁によって結婚することになりました。その経過は、小説に匹敵するほどのおもしろエピソードがいっぱいなのですが、今回は触れずにおきます。

というわけで…、互いに幼いころからよくわかり合っていた仲で結婚をしたため、「結婚生活が、すぐに飽きちゃったら困るね」と話していたのですが、1週間、1ヵ月…と過ぎ「あれ？　飽きないね」。一緒に暮らしてみると、幼なじみだからとわかっているようでそうでなかったと気づき、新鮮な感動がありました。

夫の両親は、夫が中学3年生という高校受験の大事な時期に、父親のアルコール依存症が原因で離婚し、母親は弟と妹を連れて出ていきました。残された夫は自営業をしていた父親と、ときには高校を休んで家業の手伝いをし、時には酔っぱらって騒ぐ父親の面倒をみながら暮らしていました。私は、小学校3年生の時に弟、高校2年生の時に父と死別しました。

決して幸せではなかった境遇で育った二人の結婚です。夫婦関係や家族が壊れることのはかなさや悲しさは、ともに身に染みていました。さらに、私は保育者、夫は高校の教師という職業についたので、多くの親子を見て、子どもの育ちが夫婦関係に影響されていることも痛感していました。

そのようなことから、私たちは、まず夫婦としての土台を築いてから親になろうと決め、3年間は夫婦だけで過ごし、仕事と家庭の両立に見通しがついたところで、子どもをと考えたのです。

これは、わが子に自分たちの子ども時代と同じような悲しみを連鎖させないための強い決意のあらわれでした。二人とも、地元・福島県から大学進学で上京し、そのまま東京と埼玉に就職をしましたので、近くに頼れる親戚もなく、共働きでの子育ては二人だけで乗り越えていかねばならない環境にありました。

※

そんな立派な理想と決意があったはずでしたが、結婚して半年くらいたったある日、私は、仕事帰りに買い物をし、ご飯を作って洗濯をして…という毎日に、なんだか不公平を感じたのです。機嫌が悪くなって、どことなくギスギスした雰囲気になりました。すると、夫がそんな私に気づき、言いました。

「人の分までやらされていると思うから、不満を感じるんじゃない？　互いに一人暮らしの時は、自分でやっていたんだから、俺の分は自分でやるからいいよ」と。

そう言われて「なるほど。そんな感情が働いていたかも…」と気づかされ、自分の了見の狭さが恥ずかしくなりました。その後、家事は「できる人が、できるときにやる」というスタイルになり、ペースが安定してきたところで3年が経ち、子どもを迎え入れる余裕ができてきました。

待ちどおしかった4年目がやってきたのに、幼いころに悲しい思いをした経験から「こんな風に自分たちで計画を立てて暮らしているけれど、もしも赤ちゃんができなかったらどうしよう…」という心配が出てきてしまったのです。

すると、苦労して育った割には楽天的な夫が言いました。「もしも子どもができなかったら、その分、2人でお金が使えるわけだから、自分たちで楽しんで生きればいいんじゃないの？」と。「なるほど！」と納得してリラックスしたからか、娘を授かりました。30歳の時のことでした。

その後、2人目の子どもを望んでいましたができず、8年が過ぎました。「かわいそうだけど、一人っ子になるしかない」とあきらめて、それまで残しておいた育児用品を全部捨てたその月に、妊娠が判明。「そんなことって本当にあるんだ」と、自分のことながらびっくりしました。実はその時も、心配性の私の心は揺れました。「高齢出産だから、子どもに障害があったらどうしよう…」と。すると、夫がまた言いました。「たとえどんな子どもが生まれてこようと、自分たちの大事な子どもなんだから、育てていくのは当然。病気だから育てないなんて、君はしないだろ？」。また私は「なるほど」と安心と覚悟ができ、39歳で息子を出産しました。

帝王切開で産まれた息子は、羊水でガラガラうがいをしながら大きな産声でお腹の中から取り出されました。分娩室のガラス製品にヒビが入りそうなほどの大声だったので、私は思わず吹きだしたことをおぼえています。そして、「きっとこの子は大丈夫！」とうれしさと安堵とありがたさが私の全身を包みました。こんな幸せなときなのに、心配性の私は「こんな年のいった親の子どもで申し訳ない」と言ってしまいました。すると夫は「年をとった今にしか出会えなかった大事な子どもだよ」と私の心配性を封じてくれました。

＊

この会話でもわかるように、私と夫は、性格がまるで違います。違った視点で物事を見ているので、片方が困っていてももう片方が元気で、励ます役割が果たせます。もちろん、何度話し合ってもまじりあわない事柄もあります。でも、大きなケンカにはなりません。幼いころ見た自分の親たちが反面教師になって、うまい具合に互いの自我をぶつけ合わずに回避できます。ある研究によると、「感情体験が豊かな人の方が、感情体験の少ない人よりも精神的成熟度が高い」と言われていますが、それは本当だと自分たちの体験を通して思います。

おかげさまで夫婦関係が大きく荒れることなく続いてきたのは、いろいろな感情体験をさせてくれた親のおかげと言えるでしょう。不幸な出来事はつらいですが、自分を育ててくれる大事な修行になり、後で絶対に人生の役に立ちます。無駄なことなど何もありません。思いがけず不幸な出来事に出合ったときは、おもしろがって乗り越え、自分を熟させることに利用すべきでしょう。

人生は、なかなか予定通りにいかず、難しく厄介なもの。ありのままを自然体で受け止めて、周囲に感謝しつつ乗り越えていきたいですね。

私の子育て観

私の子ども時代を振り返ると、いじめは50数年前でも確かにありました。今ほど陰湿なものではなかったように思いますが。私は、父親の仕事の都合で、小学校時代に4回転校し、転校先でいじめられたことがありました。小学1年生のときに6年生の女の子に、2年生のときは同級生の女の子にいじわるをされ、待ち伏せされるなど、怖かった印象が残っています。

私自身はいじめられる原因に心当たりがないので、何かの誤解と思っていました。親しげに話しかけたりおどけたりして、相手と仲良しになってしまうという方法でクリアしてきました。

自分なりの正義感から、友達がいじめられていると間に入って助け、反撃にあって怖い思いをしたこともありました。それでも、誰とでもフランクに付き合うスタンスを持ち、ユーモアを大事に、そして誠実に、を心がけていたら、いつの間にかいじわるされなくなったのです。子どもがいじめられない方法は、しなやかな発想、ユーモア、嘘がないこと、だと学んだのでした。今、振り返ってみると、それは37歳という若さで自ら命を断った父から教えられたことでもありました。

＊

保育者としての経験上でも、同じことが言えます。しなやかに物事を考えられる子どもは、トラブルが少ないのです。また、本人の発想が豊かなので、遊びもおもしろく、人気者になりやすいことにも気づきました。反対にトラブルの多い子は、本人の気質というよりも、自分の思いとズレたかかわりや指示を受け、モヤモヤした感情が解決されないままに過ごしていることがわかりました。

歴史に残る凶悪犯罪者の生い立ちを見ると、同じような感情体験をしていたと言われています。特別に、甘やかされたりしつけがなってなかったのではなく、素直な自分の感情を受け止めてもらえなかったことで他者への信頼感が育ちそこねたまま成長し、平気で人の命を奪うことに結びついてしまったようです。

人生は、思いがけないことが起こります。そんな時に、笑い飛ばせたりおもしろがることができる人は、人に好かれたり求められたり信頼されたりします。ですから私は、わが子に失敗した時にこそおもしろがって受け止める習慣をつけてあげたいと思っていました。

たとえば、家でやる散髪です。娘は小学校6年生まで、私がカットしていました。それを本人も望んでいましたので問題はなかったのですが、いい加減な性格の私がやることなので、前髪を短く切りすぎておもしろいアニメのキャラクターのようになってしまったことがありました。娘が小学校3年生ぐらいの時だったでしょうか。「ああ、ちょっとおもしろい髪型になったよ」と言うと、「へえ～、ちょっと鏡見てきていい？」と娘。私は「いいけど…」と答えながら、泣かれてしまうかと実はドキドキでした。しかし、洗面所の鏡の前に立った娘は、「うわ～！　おもしろい！

お友達、笑ってくれるかな?!」と、うれしそうに言ったのでびっくりしました。

私が子どもへ心がけてきたことが生かされた瞬間でした。

❊

息子の時も同じようなことがありました。

息子も床屋を嫌がるタイプで、高校1年生まで私がカットしていたのですが、保育園時代に頭じらみが流行し、あわてて初めて坊主頭にした時のことです。バリカンを使ったのですが、初めてなので使い方がわからず、うっかりスイッチを剃刀《かみそり》タイプのままカットしてしまい…。息子の後頭部から一直線に青い道を作ってしまったことがありました。

「どうしようか？　せっかく頭に珍しい道ができたんだから、車とか信号とか描く？」と言ったところ、「それは嫌だ」と言いながらも、泣きもせず平気で保育園に行き、タイミングよく帽子を取って、友達の笑いを取った息子でした。

その後、中学校では、野球部に入ったので坊主頭が定番。久々に坊主頭に刈るときに、もみあげはどんな風にカットするのかわからず、あれこれやっているうちに、左右ともにもみあげがなくなってしまいました。まるでヘルメットをかぶったような頭で、正面から見ると大変ゆかいなヘアスタイルです。

私は笑いをこらえながら「まあ、ちょっとゆかいな頭になったけど、ウケを狙うしかないねえ」とつぶやきました。しかし、思春期真っ只中の中学生ですから、「学校を休む」と言われるかと覚悟しましたが、この時も息子は何も言わず、翌朝、平気な顔で学校へ行きました。

玄関を出る息子に「わざとじゃないけど、せっかくおもしろい髪型になったんだから、ウケの一つも取ってこい！　笑いは体にいいからね。君の頭で誰かが笑えば、その人は免疫力が上がってかぜをひかないし病気にもならない。つまり、人助けになるってことだから」と言って送り出しました。

その夜、息子に「学校でどんな反応があった？　ウケた？」と尋ねると「まあね」とクールな返事。実際には、友達には「こけしか？」と笑い転げられ、先生たちには笑うと本人が傷つくからと配慮され、笑いをこらえながら「お母さんが一生懸命切ってくれたんだね」と言われたのがおもしろかったと息子が言うのでした。「なかなかの奴に育った」と母としては大満足の結果でした。

その後、息子が入学した高校の野球部は、坊主にする髪の長さも決まっていました。床屋に行くのを面倒がっていた息子でしたが、久しぶりに私に散髪を頼んできました。昔から使ってきたバリカンを取り出し、懐かしがりながら使っていたら、タイミングよく、途中でバリカンが壊れてくれました。これでこそ、笑いの神様が住んでいるわが家のバリカンです。

「どうしようか…。ここからは、ハサミで切るしかないね」と、私はバリカンをハサミに持ち替えました。息子は、何の動揺もせず悠々とカットされています。ここで、私のいたずら心がうずき、息子がどれだけ失敗を笑い飛ばせるのか、その度合いを確かめたくなってしまいました。あえてきれいな坊主頭に仕上げず、「ごめん、これが限界」とでこぼこ頭で終了。息子は、「ふ〜ん」と言いながら、鏡で自分の頭をなでながらそのまま自分の部屋へ入っていってしまいました。

「えっ？　怒らないの?!」と仕掛けた私もさすがにびっくり。朝になっても、文句を言う様子もなく、帽子もかぶらず、いつも通り、電車で出かけていきました。

私は「ウケてこいよ〜！」と中学時代のあの日と同じ言葉を背中に投げて見送りました。夜、部活から帰った息子に尋ねてみると、「大宮駅も電車の中も、くすくす笑っている人がいた」とニヤニヤ。友達には、「お前は大仏か?!」と笑い転げられたと、満足気でした。そして「今日は、きっちり仕上げてくれ」と真顔で言うので「もちろん！」と答え、新しく買って用意してあったバリカンで、つまらないほど美しい坊主頭に仕上げました。

この坊主頭の3つの出来事は、ビジュアルが何より大事な思春期の息子が、これほど失敗をおもしろがれるなら、つまらない世間の目を気にしすぎて自分を縮めることはないだろう、という確信を持つことができました。一般的に人に笑われることは恥ずかしいこととされがちですが、私は人を楽しませるユーモアとしなやかな発想は、人生を豊かに過ごすコツだと思うのです。

人生には、誰にでも色々な形で困難が押し寄せるものです。でも、それにどう向かうか、どんなふうに受け止めるかは、各々違っています。人生の困難に出合った時に乗り越える力の源は、自己肯定感だと言われています。

ちなみに、ある心理学者は「自己肯定感は、好ましい経験の積み重ねだけから成り立つのではなく、負の経験、失敗も含むことで鍛えられる」「負の状態で信頼や自己肯定感が生き残れば、それは強化される」と言っています。

「早く！　早く！」と急いで、いい子や失敗をしない子に育てたがると、親は子どもに失敗しない方法を先に教えたくなってしまいます。すると子どもは、失敗は許されないと学び、いざ失敗すると打たれ弱く、「失敗した自分は生きる価値がない…」とまで思い詰めてしまうのです。

しかし、失敗したときに親が「今、失敗しておいてよかったね」「こんなことも、ときにはあるよね」とか「失敗したことで、気づいたことがあって得をしたね」など、前向きに受け止める言葉を子どもに渡せたなら、その失敗は生かされ、自己肯定感の強化につながるでしょう。

「立派な子どもを育てられない＝親として失敗」という感覚になりがちですが、

親子は、互いに選択できない、運命としかいえない巡り合わせの関係です。謙虚にその出会いに感謝し、互いに不十分な人間だけど、自分にできる範囲で関係性をはぐくむ…。親業というのは、そんなやわらかな心持ちで十分なのではないでしょうか。

おわりに

28歳になった娘が、この本の原稿を書き終えた直後に、結婚式を挙げました。

母になってから、私は仕事と子育ての両立に奮闘しながら過ごしてきました。ときには自己嫌悪で涙が止まらず、娘を自転車の後部座席に乗せ「今日は、夜のドライブをしようね！」と自宅の玄関を通りすぎ、近所を一周して涙が止まったころに帰宅したことがありました。また、思春期を迎えた娘の心が不安定だった時には、「私が仕事をし続けなければ、こんな思いをさせないで済んだのではないか…」と自分を責めました。そして、娘が社会人になったころには、「小学校からずっと、学校の行事に来てもらえないとあきらめていたから、保護者参観のプリントを見せなかったことがあった」と言われて、罪悪感と申し訳なさで切なくなりました。

わが子のために、細やかに心を配り、ていねいにかかわっておられるよそのお母さんたちから比べたら、私は、本当にいい加減で不十分な母親です。だからこそ、同僚や友人、そして夫からの「よく頑張っているじゃない」の言葉は、本当にありがたい一言でした。

人は、ありのままの自分を認められてこそ、前向きに生きていけるものですね。私が周囲の人々から励まされてきたように、私も、子育てに悩むお母さんたちの助けになりたいと心から願い、これまで様々な形で子育てについての発信を続けてきました。

そのため、親としての「子育ての仕上げ」ともいえる娘の結婚式を迎える日まで、私はやはり仕事に追われ、娘に何一つ準備してやることはできませんでした。きっとたくさんの不満があっただろうと、娘に対して申し訳ない気持ちをいっぱい抱えたまま迎えた結婚式当日。花嫁が手紙を読む場面で、「悲しかった」「さびしかった」という言葉が出てきたら…、と私は身構えていました。

しかし、手紙には、父親が母親である私を全力で支えてきたのをしっかりと見ていて、そのような父親を尊敬し「父さんは、私たちきょうだいにとっての神でした」と表現していました。そして、弟という存在を自分に与えてくれたことにも感謝してくれました。

思い返せば、私は娘が幼いころから職場で起こったゆかいな子どもたちのエピソードを話すようにしてきたのですが、それは、母親の仕事が見えるようにという思い、仕事は頑張っているのではなく楽しんでいること、そしてナースリーの子どもたちとあなたは、母の愛を奪い合うライバルではないことを伝えるためでした。娘は、そのことを察してくれていたのか「もっと聞かせて!」と、いつも楽しんでくれていました。

この度の娘の結婚、そして巣立ちから、40年弱の保育者の経験だけでは気づくことができなかった「子育ての本質」といえる発見がありました。

それは…、子どもは親が教えようと頑張ったことではなく、大切にしてきたことを受け継いでくれるということ。そして子どもの心は両親の夫婦関係、または自分の身近な大人同士の人間関係から、多くの幸せを感じ取っているということです。

さらに子育てとは、子どものためではなく、大人が本当の大人となるための大切な修行。これまでの自分を訂正するというかなり難しいことも、痛みを伴いながら愛する者のために受け入れる修行。そのことが自分を過信せず、自分の非を認めて反省のできる「まっとうな大人」になっていくという成長につながっていくと思うのです。

最後に、本書を出版するに当たり、いつも信頼と優しさで支えてくださったナースリールーム室長の岩田力先生、元室長の網野武博先生をはじめとする諸先生方、そしてスタッフの皆様、子どもたちと保護者の皆様に心よりお礼申し上げます。

また、出版までのお手伝いをしてくださった赤ちゃんとママ社の伊藤邦恵さんには、向日葵のような笑顔で細やかなご配慮をいただきました。皆様、本当にありがとうございました。

2014年 初春

井桁 容子

いげた・ようこ

1955年、福島県いわき市生まれ。1976年～2018年まで、保育実践研究施設の東京家政大学ナースリールームに42年間勤務。東京家政大学非常勤講師として、保育の実践及び保育者養成にかかわりながら研究に従事。2018年4月より、乳幼児教育実践研究家として「非営利団体コドモノミカタ」代表理事、「保育の根っこを考える会」主宰などを務める。長年の保育士経験とわが子の子育て（1女1男）に基づく講演や、テレビの子育て番組への出演・監修など、日本の子どもが置かれる環境の質の底上げのために幅広く活躍中。『みんなの育ちの物語 ― 子どもの見方が変わる』（フレーベル館）ほか、著書多数。

ありのまま子育て　やわらか母さんでいるために

2014年3月10日　初版第1刷発行
2021年5月29日　初版第8刷発行

著者　井桁容子
発行人　小山朝史
発行所　株式会社 赤ちゃんとママ社
〒160-0003
東京都新宿区四谷本塩町14番1号
電話：03-5367-6592（販売）／03-5367-6595（編集）
http://www.akamama.co.jp
振替　00160-8-43882

カバー・本文イラスト　フカザワテツヤ（studio TEPPiNG）
デザイン　井川祥子（iga3 office）
校正　吉澤静香
撮影　田口陽介
編集　伊藤邦恵
印刷・製本　株式会社 精興社

ISBN 978-4-87014-096-7